Queridos Sentimentos, de Lilian Melchert para todos os meus sentimentos, Queridos Sentimentos, de Lilian Melchert para todos os meus sentimentos, Queridos Sentimentos, de Lilian Melchert para todos os meus sentimentos, Queridos Sentimentos, de Lilian Melchert para todos os meus sentimentos, Queridos Sentimentos, de Lilian Melchert para todos os meus sentimentos, Queridos Sentimentos, de Lilian Melchert para todos os meus sentimentos, Queridos Sentimentos, de Lilian Melchert para todos os meus sentimentos, Queridos Sentimentos, de Lilian Melchert para todos os meus sentimentos, Queridos Sentimentos, de Lilian Melchert para todos os meus sentimentos, Queridos Sentimentos, de Lilian Melchert para todos os meus sentimentos, Queridos Sentimentos, de Lilian Melchert para todos os meus sentimentos, Queridos Sentimentos, de Lilian Melchert para todos os meus sentimentos, Queridos Sentimentos, de Lilian Melchert para todos os meus sentimentos, Queridos Sentimentos, de Lilian Melchert para todos os meus sentimentos, Queri

CB038908

Queridos Sentimentos

de:
Lilian Melchert
para:
todos os meus sentimentos

Abrace os seus sentimentos,
aqueça o seu coração e se
torne a sua melhor versão.

entos. Queridos Sentimentos, de Lilian Melchert para tod
s sentimentos. Queridos Sentimentos, de Lilian Melche
dos os meus sentimentos. Queridos Sentimentos, de Lili
ert para todos os meus sentimentos. Queridos Sentiment
ian Melchert para todos os meus sentimentos. Querid
mentos, de Lilian Melchert para todos os meus sentiment
idos Sentimentos, de Lilian Melchert para todos os me
entos. Queridos Sentimentos, de Lilian Melchert pa
s meus sentimentos. Queridos Sentimentos, de Lili
ert para todos os meus sentimentos. Queridos Sentiment
ian Melchert para todos os meus sentimentos. Queri
mentos, de Lilian Melchert para todos os meus sentiment
idos Sentimentos, de Lilian Melchert para todos os me
entos. Queridos Sentimentos, de Lilian Melchert pa
s meus sentimentos. Queridos Sentimentos, de Lili
ert para todos os meus sentimentos. Queridos Sentiment
ian Melchert para todos os meus sentimentos. Queri
mentos, de Lilian Melchert para todos os meus sentiment
idos Sentimentos, de Lilian Melchert para todos os me
entos. Queridos Sentimentos, de Lilian Melchert pa
s meus sentimentos. Queridos Sentimentos, de Lil
ert para todos os meus sentimentos. Queridos Sentiment
ian Melchert para todos os meus sentimentos. Queri

Coleção de cartas

Querido Você, 11

Querida Primeira Carta, 13

Querida Eu do Passado, 15

Querido Amor, 17

Querida Certeza, 19

Querida Rotina, 21

Querido F*da-se, 23

Querido Aniversário, 25

Querida Internet, 27

Querido Cansaço, 29

Querido Agora, 31

Querido Término, 33

Querida Inveja, 37

Querida Vida, 39

Querida Dependência Emocional, 41

Querida Morte, 43

Querida Cura, 45

Queridas Regras, 47

Queridas Lágrimas, 49

Querida Ansiedade, 51

Querida Insegurança, 55

Querida Mentira,   57

Querido Ciúme,   59

Síndrome do Pânico,   61

Queridos Traumas,   65

Querida Empatia,   67

Querido Luto,   69

Querida Força,   71

Queridas Obrigações,   73

Queridos Irmãos,   75

Querido Amigo,   77

Querido Porquê,   79

Querido Passado,   81

Queridas Promessas,   83

Querida Perfeição,   85

Querida Turbulência,   87

Querida Ansiedade Social,   89

Querido Foco,   91

Queridos Sentimentos,   93

Queridos Pensamentos,   95

Querido Cancelamento,   97

Querida Falta de Esperança,   99

Querida Imaginação,   103

Querida Nova Eu,   107

Querido Não Sei, 109

Querido Ex, 111

Querida Autocobrança, 115

Queridos Vícios, 117

Querido Recomeço, 119

Querida Derrota, 121

Querida Ajuda, 123

Queridos Sonhos, 125

Queridos Aprendizados, 127

Querido Apego, 129

Querido Perdão, 131

Queridos Superpoderes, 133

Querida Sedução, 135

Querida Força, 137

Querido Amor, 139

Querido Imediatismo, 141

Querida Culpa, 143

Querido Corpo, 145

Querida Mãe, 149

Querido Pai, 151

Queridos Limites, 153

Querido Você, 155

Querido Eu, 157

EMOÇÃO

OFF

ON

Querido Você,

Guardo aqui neste livro a coleção de cartas que escrevi para os meus sentimentos. Cartas sobre os meus medos mais sombrios e as minhas alegrias mais radiantes. Cartas sobre coisas que nunca falei em público e nem em voz alta para mim mesma. Cartas sobre coisas que me calei quando precisava gritar e coisas que gritei quando precisava me calar.

Chega um certo ponto da vida em que não faz mais sentido guardar a sete chaves tudo aquilo que a gente sente. Todos os nossos sentimentos são validos e a nossa existência é um milagre. Um dia eu vou embora, minhas vergonhas serão enterradas e toda a minha história será parte do passado.

Então qual o sentido de me calar tanto? Cada sentimento foi divinamente desenhado por um motivo e ignorá-los é como fechar os olhos e optar por não enxergar a vida. Por que a gente tem tanto medo de sentir as coisas? O que a gente está tentando tanto evitar? Ou não ver? Ou não sentir?

Estamos constantemente nos curando, entendendo a vida e evoluindo, e a nossa maior missão é sermos autênticos, únicos e verdadeiros com os nossos sentimentos. Escrevo estas cartas para aprender, evoluir e também ensinar. Ninguém vai fazer este trabalho por mim, nem eu vou fazer por alguém. Hoje a minha única missão é sentar, ouvir e conversar com cada um dos meus sentimentos.

Eu não quero mais condenar o que sinto ou me esconder do meu verdadeiro eu. Eu quero poder viver toda a régua de emoções, sejam elas boas ou ruins. Expandir o alcance emocional pode ser assustador, mas acaba proporcionando uma vida de maior significado. É só isso que eu quero. Viver da forma mais vivida possível.

Querida Primeira Carta,

Te escrevo esta primeira carta sem saber por onde começar. Não quero ser formal nem nada, só quero ser o mais eu possível. Tenho tantas histórias para te contar e sentimentos para compartilhar que é difícil poder colocar tudo em ordem.

Na minha cabeça hoje tem aproximadamente 400 abas abertas e 23 sentimentos mal processados. Eu sei, eu posso ser confusa em muitas coisas, mas ainda assim tenho uma grande certeza: escrever cartas é a linguagem mais pura e verdadeira do amor.

Todas as cartas que tenho guardadas representaram uma memória chave da minha vida. A última carta do meu pai antes de morrer, a primeira carta do meu primeiro amor e todas as cartas de amizade eterna. Verdades foram escritas em um papel em branco pela letra de quem as sentiu e nada é capaz de apagar isso. Nem o tempo.

Não importa tudo o que já passou e não permaneceu. Quando eu recebo uma carta, eu também recebo um pedaço físico daquele momento. É como se eu pudesse segurar nas minhas mãos um sentimento que é invisível aos meus próprios olhos.

Agora eu me sinto livre e pronta para imprimir todos os meus sentimentos aqui. Eu quero poder ser livre para usar minhas palavras, confusões e acertos. Eu quero poder me entender melhor e ter mais carinho pelos meus sentimentos. Eu quero poder mergulhar nas profundezas das minhas verdades sem ter medo do que vou encontrar.

Te vejo nas próximas cartas.

Querida Eu do Passado,

Eu não vou negar que, quando penso em você, às vezes te acho mais tonta e ingênua. Às vezes te acho boa demais, às vezes sonhadora demais.

Tem certas coisas que a "eu de hoje" tem um pouco de vergonha de admitir e é até bem difícil de perdoar. Minha intenção não é te punir em hipótese alguma, mas algumas perguntas ainda ecoam dentro da minha cabeça.

Onde você estava com a cabeça? Como você se deixou ser tratada daquele jeito? Por que você se humilhou tanto? Por que você aceitou condições inaceitáveis?

Você sempre foi suficiente. Eu sei que você deu o melhor que você podia, mas eu só queria que você tivesse aprendido mais cedo a nunca negociar o seu valor. O caminho teria sido mais fácil para a sua história.

Se eu pudesse te dar um único conselho, seria: se você se maltrata, os outros te maltratam também. Ninguém te maltrata se você não permitir. Ninguém te maltrata se você souber impor o seu valor e saber dizer tchau para quem tenta negociá-lo.

Mas tudo bem, a vida é um aprendizado e eu te amo incondicionalmente. Prometo que você vai sentir isso melhor nos próximos anos. Eu não posso apagar as suas dores do passado, mas eu posso cuidar das suas cicatrizes. Eu posso te acolher agora mais do que nunca. Eu quero poder te dar algumas broncas e depois te abraçar até você sentir todo o carinho que você sempre mereceu.

Eu te prometo que no futuro tudo isso vai fazer mais sentido. Você chegou em lugares inimagináveis alguns anos atrás. Algumas coisas irão te deixar desacreditada.

Hoje posso te garantir que te honrei várias vezes e sempre vou dar o meu melhor para construir um futuro melhor.

Continuamos juntas até o fim.

Querido Amor,

Esta carta é um pedido de desculpas — orgulhe-se, pois meu ego não permite que eu peça desculpas na frequência que deveria.

Eu quero te dizer que nunca foi sua culpa, você nunca me maltratou de fato. Já eu te confundi várias vezes, te banalizei e até duvidei da sua existência. Transitei entre outros sentimentos que se camuflam muito bem ali no seu conceito, como a paixão, a atração e o ego ferido. Eu errei de achar que era sempre você ali pronto para me tirar de buracos em que eu mesma me joguei.

Eu me deixei enganar muitas vezes e, como consequência, eu deixei de acreditar em você. Teve uma época em que eu estava tão desacreditada no amor que todos os filmes de romance e músicas bonitinhas me pareciam forçados. Eu pensava que era só questão de tempo até todo mundo descobrir que você era uma farsa, porque "o amor nunca dura...".

Isso é muito triste. Não para quem vive o amor, jamais. Mas para quem deixa de acreditar nele.

O amor não é sobre dor. Todas as vezes que eu presenciei o amor de verdade, ele me curou completamente. Senti paz, proteção, plenitude e confiança. É mais ou menos o que eu sinto pela minha família e pela meia dúzia de amigos verdadeiros que adquiri por aí. Temos, claro, as nossas diferenças, mas não existe nenhum momento sequer em que eu deixei de desejá-los o melhor. E eu jamais faria algo para machucá-los. Isso porque, sim, amor é cura, amor regenera e qualquer coisa diferente disso não é amor.

E aos outros sentimentos que eu já chamei de amor: infelizmente, eu os valorizei mais do que deveria, e isso me causou tantos medos e inseguranças, mas isso é papo para outras cartas.

Querida Certeza,

A minha maior certeza de hoje é aquela que eu escolho ter por livre e espontânea vontade. Não é aquela que é imposta por um outro alguém que não sou eu. Ninguém tem absoluta certeza de nada e isso me conforta, pois me dá aval para criar minhas próprias certezas dentro das minhas próprias suposições.

Eu não preciso de lógica nem de pesquisas científicas que comprovem que vou chegar aonde eu quero chegar. Eu só preciso *acreditar* que vai dar tudo certo sem me apegar ao como, onde e quando.

Um certo dia eu escrevi no bloco de notas do meu celular:

"Eu só quero aplicar a mesma certeza de que vou acordar amanhã em todos os sonhos da minha vida. Acreditar que vai dar certo é a única forma de fazer dar certo."

E sim. Eu não tenho nenhuma certeza de que vou acordar amanhã, porque a vida não me prometeu nada, mas mesmo assim eu planejo tudo nos mínimos detalhes. Que horas vou acordar, o que vou comer, o que preciso trabalhar e com quem eu devo falar.

Por que, então, eu não uso a mesma *certeza do amanhã* para as grandes *certezas da minha vida*? Eu também posso planejar os meus sonhos em mínimos detalhes. Eu posso escolher ter a certeza de que tudo vai acontecer da forma que eu sonhei ou melhor.

Não quero mais nenhuma dúvida me barrando no meio do caminho. Só quero poder viver a minha melhor vida apegada às certezas que me fazem bem agora. E a minha maior certeza de hoje é que tudo sempre dá certo no final.

Nenhuma incerteza vai tirar a minha paz hoje.

Querida Rotina,

Basta o despertador tocar para eu automaticamente sentir um turbilhão de sentimentos multiplicado por dois. Cobranças, ansiedade, obrigações e muito medo. Uau, o alarme consegue despertar o pior de mim em tempo recorde.

Eu sinto a urgência de começar a minha nova versão que projetei ali no final de semana enquanto estava no meu pico de felicidade. Quando será que vou aprender que nenhuma promessa pode ser feita entre brindes e risadas?

Sem muito esforço, eu sinto que todos os meus planos de recomeço vão caindo por terra. Falta motivação, falta coragem. Eu abro o meu e-mail temendo todas as tarefas que a semana promete e balanço a cabeça desacreditada por mais uma vez não ter força para reagir.

Respiro fundo em meio à derrota precoce e coletiva.

Sabe o que não faz nenhum sentido? Toda essa cobrança existir só porque é *fucking* segunda-feira.

Ninguém disse que precisa se cobrar assim, mas também ninguém sabe a fórmula de contornar um turbilhão de pensamentos intrusivos. Hoje é só como outro dia qualquer na semana ou no calendário de números repetidos. Hoje eu posso cumprir minhas tarefas e ainda me dar permissão para me divertir, relaxar e viver sem culpa.

Não precisa ser tão pesado. Eu não preciso começar tudo hoje e nem superar todas as minhas metas em 24 horas. Eu não preciso salvar o mundo agora. Eu só preciso viver o hoje.

A única coisa que eu preciso saber para começar o meu dia é: o que eu consigo fazer AGORA?

Querido F*da-se,

FODA-SE O F*DA-SE com asterisco.

Eu não preciso seguir regras literárias na minha própria carta, então eu tenho licença poética para tacar o foda-se em paz.

Foda-se, você é um amigo subestimado. Na verdade, eu deveria te usar com mais frequência. Eu não quero mais te calar quando necessário, porque eu já sei das consequências que isso me traz a longo prazo.

Às vezes a gente só precisa tacar mais o foda-se mesmo. É importante aprender a impor limites a tudo aquilo que me faz mal e encontrar o equilíbrio para uma vida mais leve.

Foda-se o que pensam de mim.

Foda-se se existe alguém mais bonito.

Foda-se se existe alguém mais talentoso.

Foda-se se existe alguém mais rico.

Foda-se se alguém não gosta de mim.

Foda-se se alguém não escolheu ficar comigo.

Foda-se a necessidade de me provar o tempo todo.

Foda-se a necessidade de me sentir inclusa.

Agora eu me sinto mais leve para continuar o meu dia (e foda-se, isso não mudou nada na vida de ninguém).

Querido Aniversário,

Ninguém espera o dia de hoje como eu.

Mesmo que eu tente disfarçar a sua real importância, o dia de hoje é muito mais do que só uma data. É o dia em que eu celebro a minha existência, reciclo minhas escolhas e me abro para uma nova fase. É o dia em que eu me permito sentir especial sem culpa.

Eu tenho uma dúvida: por que menos gente vai nos parabenizando conforme vamos ficando mais velhos? Isso é porque temos menos amigos? Ou porque a vida foi perdendo a importância com o tempo?

Nesta altura do campeonato, não importa. Hoje eu faço mais um ano de vida e mais um ciclo foi concluído.

Será que eu consigo reconhecer minha evolução até aqui?

Pode até parecer banal, mas todo ano eu andei várias casas no jogo da vida e movimentei muita coisa. E hoje é dia de celebrar minha força e minha disposição de acordar todos os dias mesmo quando tudo parece um caos.

Todos os anos são importantes e todos os anos serão lembrados.

Não importa o que aconteça ou o que eu perca no meio do caminho, eu sempre vou ter carinho pela minha data, pelos bolos que já comi e desejos de parabéns que já recebi.

Que este seja o melhor ano de toda a minha vida. E todos os outros também.

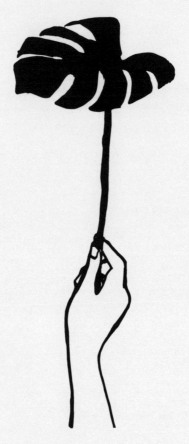

parabéns por ser você.

Querida Internet,

Você não é tóxica como todo mundo fala.

Todo mundo quer te apontar como o mal do século, te culpar por exterminar relacionamentos e gerar discussões e cancelamentos, mas a verdade é que você é só mais uma ferramenta de comunicação que dá palco e voz para o que as pessoas sentem.

Ninguém quer arrumar a bagunça da própria vida. Ninguém quer focar no que realmente importa e trabalhar nas faltas e vazios internos. Ninguém quer reparar um relacionamento, só quer se vitimizar e apontar dedos em público. Até porque é muito mais fácil não lidar com nada, só fugir para a internet, vomitar uma dúzia de frustrações e pesquisar algumas inseguranças.

Quem nunca revirou a vida de uma pessoa de quem sente ciúmes? Ou abriu discussões intermináveis com desconhecidos? Ou foi no google pesquisar uma dor e saiu certo de que ia morrer? Nós que buscamos os piores caminhos.

Você nunca me fez mal, internet. Eu já me fiz mal, não quis enfrentar os meus hábitos frustrados e te culpava. Eu queria fugir das minhas responsabilidades e me atrasava, me distraía, me comprometia com assuntos que me faziam mal. E eu sabia disso.

Aprendi com o tempo que tem como me inspirar sem precisar invejar, discordar sem a necessidade de brigar e também fazer amigos à distância ao invés de inimigos anônimos. Tudo pode ser mais prazeroso e divertido quando você tem as intenções certas por trás.

Eu reconheço todas as portas que você me abriu, internet. Seria hipocrisia te chamar de tóxica.

qualquer coisa

só culpe a internet.

Querido Cansaço,

Hoje eu não quero sair da cama.

O que aconteceu? Isso é cansaço ou tristeza? Não tenho forças para pensar.

Eu sempre achava que estava desanimada para começar meu dia, para retomar a minha vida e ter que lidar com tudo e todos, mas na verdade eu só precisava de mais horas de descanso para colocar as ideias no lugar.

É muito fácil confundir tudo, acordar cansada e logo me sentir derrotada o dia todo porque me convenci ali pela manhã que acordei mal. Engraçado né? Eu não me sinto triste quando vou para a cama cansada, mas acho que estou triste quando saio da cama cansada.

Será que isso não é só reflexo desse ritmo insano que o mundo criou? Ou só me permito sentir cansada depois de "matar um leão por dia"?

Isso é surreal. Ninguém no mundo conseguiria matar um leão por dia. Isto não é um filme de terror. Existem pausas necessárias entre grandes tarefas, grandes mudanças, grandes dias.

O mundo precisa reaprender a descansar. O mundo precisa aprender a desacelerar.

Eu não sei, sinto que minhas 24 horas estão durando 12. Tudo é mais rápido e hoje eu posso até escolher a velocidade em que os meus amigos falam no áudio do WhatsApp. É por isso que todo mundo tá louco assim. Acorda com a urgência de fazer tudo e dorme com a insatisfação de não ter feito o suficiente.

Eu me recuso a acreditar que esse é o ritmo certo da nossa natureza. Para o capitalismo, talvez, mas não para o nosso relógio humano.

Se eu sou a única pessoa que controla meu relógio, eu que preciso parar de me colocar tanta pressa o tempo todo. Acorda com calma, come com calma, entra no ritmo com calma. Ninguém vai perder a vida se eu usar um pouco mais de calma. Mas talvez eu perca tudo se eu não a usar.

Cansaço, você é a resposta do meu corpo pedindo para eu desacelerar. E eu preciso te escutar agora.

eu to cansada
exausta
esgotada
com fadiga
quero sair daqui
mas só espero
espero
espero
e nada

Querido Agora,

Você é a coisa mais importante que eu tenho hoje.

Posso ter lembranças lindas do passado e sonhos promissores para o futuro, mas o presente é a única coisa que eu realmente posso tocar, sentir e ouvir neste exato segundo.

Por que é tão difícil construir algo novo aqui e agora? Reservar um voo, vender tudo, raspar o cabelo, conhecer um restaurante novo, ir para uma cidade desconhecida?

Quem se importa com o que eu escolho fazer com a minha vida agora?

Eu tenho liberdade de dizer oi a um estranho ou vestir uma fantasia do nada. Posso inventar uma receita, mandar uma mensagem que resolveriam as coisas, ligar para alguém sem nenhum plano.

Eu posso fazer tanta coisa agora sem precisar da aprovação das pessoas.

Acho que a maior beleza do agora é o impulso de viver sem olhar para o lado.

Quando eu silencio o que aconteceu ontem ou o que ainda pode acontecer o amanhã, eu consigo ouvir o agora. Cada carro passando, como o sol tá brilhando, como os aromas se misturam. E é assim que eu vivo as minhas melhores histórias.

Pare de esperar pela sexta,
pelo verão,
pelo amor perfeito,
pela salvação.
A felicidade pode começar aqui e agora.

Querido Término,

Eu sei que eu fiz tudo o que eu podia para te evitar, mas eu não consegui.

Eu assisto pessoas presas em relacionamentos fracassados por anos, insatisfeitas com tudo o que acontece. Reclamam de todos os hábitos do parceiro, de cada atitude errada, de cada palavra não falada.

Elas ficam presas por anos, e até décadas, em uma jaula em que elas mesmas se colocaram. Se punem em pensamentos, terceirizam toda a culpa e ainda continuam ali presas a troco de nada.

Eu lembro quando minha mãe deixou o meu pai aos meus 10 anos. Éramos em quatro filhos. Minha mãe largou toda a carreira dela para cuidar da gente. Ela e o meu pai não estavam bem há décadas e ela continuava ali, lutando por algo que nem existia mais.

Ela lutava por nós a tal ponto que ela parou de lutar por ela. Ela foi muito infeliz ao lado dele e vice-versa. Ela insistiu em continuar naquela situação que estava tóxica para todos nós só para cumprir com um papel de família unida.

Quando ela deixou o meu pai, ela foi muito corajosa. Ele era a única fonte de renda da família e ela teve muito medo do que seria de todos nós. Meu pai fazia chantagem emocional e usava o poder de provedor dele contra ela. Às vezes ele punia a gente, às vezes a gente ficava dias sem ter o que comer.

Todas as vezes que eles quase tinham uma recaída, eu pedia para minha mãe não voltar com ele, por mais que eu o amasse. Eu sabia já reconhecer que ele era um excelente pai, mas um péssimo marido. Eu sabia que eles despertavam o pior um do outro.

O relacionamento entre eles já estava fracassado há anos. Havia muitas mágoas, traições, mentiras e agressões. Não tinha como reparar mais. A melhor forma seria cada um seguir o seu caminho e tentar ser feliz de outra forma.

Minha mãe me ensinou que não é porque um relacionamento fracassa que a gente fracassa. A vida continua, só que diferente. As lutas são diferentes. Os dias são mais solitários de início, mas depois a paz se restaura.

Eu não posso continuar em um relacionamento só por honra ao que já foi no passado ou o que poderia ser no futuro. Os dois precisam insistir e lutar ontem, hoje e amanhã. Se eu me vejo fazendo o papel de dois, se não tem comunicação, se não tem respeito, eu vou embora sem medo.

Se for para lutar sozinha, que eu lute por mim. A pessoa certa sempre aparece. Eu acredito no amor gentil que me abraça. Eu acredito no amor que não é difícil, dramático e complicado todos os dias. Eu acredito no amor que cura.

Qualquer coisa diferente disso não merece minha luta. Eu luto apenas pelo amor. Me recuso a continuar onde não pertenço só pelo ego, pelo medo da solidão, pelo medo de recomeçar.

O fim de um capítulo é o começo de um novo muito melhor. E eu acredito que mereço o amor na melhor forma, mesmo que alguns pensamentos intrusivos tentem me convencer o contrário.

Eu sou o amor e eu mereço o amor. E se o amor fracassou, o amor não era amor.

Sinta o meu abraço.

seja paciente e gentil consigo mesmo
enquanto estiver se tornando alguém
que você nunca foi.

Querida Inveja,

Quando eu invejo alguém, eu automaticamente me frustro comigo mesma. Me frustro com aquilo não sou e acredito que nunca vou ser. O corpo perfeito, o relacionamento ideal, o negócio milionário. São tantas coisas que parecem tão intangíveis e distantes, mas ao mesmo tempo parece que todo mundo consegue... menos eu.

Calma.

Para onde minha mente está indo?

A frustração nada mais é do que a oportunidade que a vida me dá de enxergar que eu posso ir um pouco mais além. Se alguém pode, eu também posso.

Eu não preciso ficar triste quando vejo alguém vivendo aquilo que eu quero viver.

Eu posso escolher me inspirar e ver que é possível viver aquilo também. Eu não preciso evitar os meus sonhos, eu só preciso ir de encontro a eles.

Eu não vou fechar os olhos para o que pode me tirar do lugar. Eu vou dizer: me mostre mais, me ensine mais, me desafie mais, que eu quero chegar aí do outro lado o mais rápido possível.

A inveja nada mais é

do que a inspiração vestida de medo.

Querida Vida,

Obrigada por me deixar existir mais um dia.

Reclamam de você o tempo todo e dificilmente te apreciam como deveriam. Por quê, né?

E se eu começar a te encarar com mais leveza a partir de hoje? E se eu me permitir sentir tudo sem precisar lutar contra? E se escolher aproveitar cada nova fase independentemente do que vai acontecer?

Acho que a vida fica mais gostosa quando a gente assume que não tem controle das coisas. Às vezes a gente não sabe o que vai acontecer, quando e onde, e isso que faz tudo ter mais graça.

Saiba o quanto eu aprecio tudo aquilo que você me proporciona: a possibilidade de viver, a possibilidade de comer, a possibilidade de ter onde morar e a possibilidade de ter com quem contar.

Reconheço que tenho tudo o que preciso, embora eu ainda queira sempre mais.

Não só quero aprender, como quero também poder ensinar. Quero ser alguém útil e contribuir na vida de várias pessoas. Quero poder sentir, contar, sonhar, chorar.

Eu quero ser a mistura de várias coisas e sempre estar aberta para o novo. Mas também sei que, para isso, dias cheios de perguntas sem respostas virão. Mas não vou abaixar a cabeça por muito tempo, porque sei que não existe tal coisa como "fracassar na vida". O sucesso é relativo. E às vezes só é preciso desacelerar, recalcular a rota e escolher um caminho melhor.

Querida Dependência Emocional,

Eu sei que é normal eu depender de quem eu amo. O amor gera dependência, de certa forma. Eu amo as minhas pessoas favoritas e dependo do bem-estar deles para viver em paz. Tudo bem precisar de quem a gente ama.

O que não está tudo bem é quando eu passo a depender de quem me faz mais mal do que bem. É sobre este ponto que eu preciso escrever.

Quando o meu relacionamento comigo mesma entra em colapso, o primeiro sintoma é este tipo de dependência. É como se eu precisasse provar alguma coisa, me sentir aceita, me sentir amada. Isso porque estou vibrando escassez dentro de mim e isso reflete em escassez fora de mim também.

Eu achava que era forte e suportava qualquer coisa, mas a dependência veio me provar que eu não sei de nada. Do nada eu me vi dependendo do "bom dia" de alguém para de fato começar o meu dia ou de um elogio para me sentir bonita.

A dependência da aprovação de outra pessoa nos desconecta da essência que somos. Não importa o quanto eu ame alguém, só eu conheço a complexidade de ser eu mesma, com os meus erros, acertos e contrastes de personalidade.

A dependência fez com que eu entregasse o poder de ser eu para outra pessoa. Ela que controla o meu humor, a minha visão de mundo e a forma que eu ajo e reajo no dia a dia. É como se eu me isentasse da responsabilidade de ser eu com a condição de ser aceita. Por que eu deixei isso acontecer?

Demorou, mas eu aprendi que este não é o caminho para o amor. Este tipo de dependência nunca me fez sentir acolhida. Muito pelo contrário: nunca me senti tão sozinha na minha vida. Foi agressivo o suficiente para eu saber que essa situação não vai se repetir nunca mais. Eu não permito que a dependência por alguém vire um padrão.

Eu sei que eu mereço muito mais.

Querida Morte,

Eu sinto muito que eu evite falar tanto sobre você.

Todo mundo fala o tempo todo sobre as maiores incertezas: com quem vai casar, qual profissão vai escolher, qual vai ser o nome do filho...

Mas ninguém fala sobre a única certeza incontestável e inevitável da vida, que é a morte.

É desconfortável para caramba pensar que todo mundo que está aqui hoje vai morrer. Isso porque todos nós enxergamos a morte como O FIM. Fim do quê? A gente nem sabe como a vida começou em mínimos detalhes, então por que a gente acha que sabe alguma coisa sobre "o fim"?

A gente não sabe. Ninguém sabe como funciona todo o processo real da vida, as infinitas fases da consciência e transmutação de energia. Pode ser uma continuação, um recomeço, uma reciclagem ou algo que a gente nunca nem imaginou.

Não precisa ser um evento traumático a cada pessoa que morre. A morte não precisa significar a pior coisa que acontece em vida, até porque ela vai acontecer várias vezes contra a nossa vontade.

Isso não é se iludir. É apenas confiar e entender que tudo isso é muito mais complexo do que os olhos conseguem enxergar. E também muito mais bonito do que a mente é capaz de imaginar.

Para mim, existir é expandir. Não existe fim, só existe uma nova fase. Para nascer em um lugar, você precisa morrer em outro. Para você nascer no mundo, você precisa deixar de existir no ventre. Para você nascer no céu, você precisa deixar de existir no mundo. E por aí vai.

Querida Cura,

Você não é linear como eu imaginava.

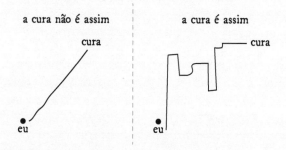

Quando eu me propus a curar tudo aquilo que um dia me machucou, eu me iludi ao pensar que não teria recaídas ou noites mal dormidas com pensamentos perturbadores.

A cura é como abrir a janela da alma e libertar tudo aquilo que está preso. Palavras não faladas, atitudes não tomadas, sentimentos não expressados. Tudo aquilo que de alguma forma foi reprimido.

Não é como tomar um remédio e ficar zerado em três dias. Antes de libertar cada sentimento, eu vou ter que revivê-los dentro de mim inúmeras vezes até parar de doer. É como rever todas as coisas que eu já vi, só que de diferentes ângulos.

Tem cicatrizes que são tão profundas que viram crenças limitantes. Elas criam raízes na minha alma e é difícil libertá-las. Até queria que elas voassem e encontrassem a luz, mas elas continuaram presas me aprisionando no passado. E isso adia o meu processo de cura.

Depois de muitos esforços em vão, descobri que o melhor remédio para a cura é o perdão — e o mais difícil de engolir também. Perdoar a si e perdoar ao próximo mesmo que não haja um pedido de desculpas.

Não é fácil perdoar. Você precisa silenciar o seu ego ferido e isso machuca. É como apertar o machucado que ainda está doendo. E todo machucado só se cura quando a gente aceita que ele tá ali e que com o tempo ele vai cicatrizar. Amanhã vai ser melhor.

Queridas Regras,

A verdade é que desde criança eu ouço um milhão de regras de como agir e ser, sem a liberdade de contestar o porquê. Tudo nos é repassado de geração para geração e ninguém contesta o que de fato é bom ou ruim para nós como sociedade. Se você contesta, você é punido ou calado. Muitas vezes até visto como louco. Nós reproduzimos ideias, valores e atitudes porque foi assim que nos foi ensinado.

Minha ideia nesta carta não é contestar todas as regras, é apenas refletir sobre elas. Elas realmente estão alinhadas com o meu propósito? Ou com o meu coração?

Meu pai queria que eu fosse médica, assim como ele, para que eu tivesse uma vida confortável e um título de orgulhar. Para quê? Ele mesmo, que era tão orgulhoso de ser médico, morreu aos 50 anos devido a um problema de saúde. Ele não tinha tempo para cuidar de si, da família nem do próprio bolso. Ele morreu depressivo, sem saúde e devendo para Deus e o mundo, porém morreu com o título de Dr. Mauro.

Para quê? Minha família sofreu o impacto disso por anos e isso me fez contestar o porquê eu deveria seguir os passos dele. Ele não morreu feliz, ele não realizou os maiores sonhos dele e foi tão assim... de repente.

Eu me recuso a acreditar que eu devo conduzir a minha vida para o mesmo caminho.

Pai, você nos deu tantas regras e você mesmo não as seguiu. Eu te amo, mas eu não vou seguir as suas regras.

Se você estivesse vivo, você provavelmente surtaria se soubesse que eu mudei de país e posto vídeos na internet. Você surtaria ao saber que eu fiz meu primeiro milhão de reais sem precisar de um título respeitável.

Descobri que a vida não é sobre as regras que ela nos impõe, mas sobre as regras que criamos para nós mesmos com a nossa verdade. E cada regra é uma escolha pessoal e intransferível. Alguns conselhos podem até ser repassados, mas a única regra que importa na vida é você ser você.

Queridas Lágrimas,

Vocês são muito mais do que necessárias.

Muitas vezes nem é preciso de um motivo concreto. Às vezes vocês representam uma lembrança antiga, às vezes o luto mal processado, às vezes a esperança quebrada. Não importa muito a causa, nem a consequência, o que importa é que todos. nós. precisamos. chorar.

Chorar é uma necessidade fisiológica, assim como ir ao banheiro. É preciso reciclar sentimentos e energias que estão presos dentro da gente.

Chorar sempre foi um tabu na minha família. Eu cresci vendo meus pais evitar as lágrimas nos momentos muito difíceis, e estranhamente, as libertavam nos momentos mais banais. Quando meu avô materno se foi, minha mãe chorou escondido. Mas eu a vi chorando de soluçar com o Big Brother. Quando meu avô paterno se foi, o meu pai chorou escondido. Mas eu o vi chorar no fim da novela das oito.

Qual o sentido disso? Não sei, mas isso me fez evitar chorar muitas vezes quando eu realmente precisei. Eu optava por chorar sozinha, no banho, escondida, sem incomodar ninguém. Que idiotice.

Eu admiro quem chora em público, no metrô, no meio da rua, no meio do caos, no meio do discurso do Oscar, no meio do nada. Que coragem ser tão vulnerável e extravasar aquilo que sente sem medo de ser julgado.

Lágrimas presas são como nuvens carregadas que não chovem. Elas carregam o peso de lá para cá até não aguentar mais. E às vezes o que era para ser uma simples chuva se acumula e se transforma em uma grande tempestade.

E é só assim que o tempo se abre novamente.

Hoje eu finalmente entendo que:

- Chorar não é fraqueza. As pessoas não choram porque elas são fracas. Elas choram porque foram fortes por muito tempo.

- Chorar é só uma necessidade.

- Eu não preciso de permissão de ninguém para chorar.

- Talvez um dia eu precise chorar em cima desta carta.

Querida Ansiedade,

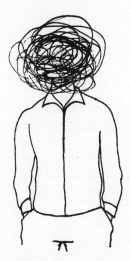

É mais ou menos assim que eu me sinto agora. É tipo essa bagunça cheia de nós e eu sinto que preciso desembaraçar tudo o mais rápido possível.

Mas não.......... eu não preciso.

Sabe do que eu preciso?

Respirar. Somente isso.

Ficar alheia a todos os problemas, não pensar no que vai acontecer amanhã, porque nada mais importa agora. Só a minha calma.

Se a tudo piorar, lembre-se:

Inspira.

1, 2, 3. Prende.

Pensa na praia.

Expira.

Inspira.

1, 2, 3. Prende.

Pensa em um cachorro pulando.

Expira.

E repete quantas vezes for preciso até
tudo se acalmar.

Provavelmente terão outras cartas destinadas a você,
ansiedade. Eu já entendi que você volta sem avisar.
E quanto mais eu tento te ignorar, mais você quer
minha atenção.

É assim que funciona, então? Tudo bem, eu não
tenho problema em lidar com você. Você faz
parte de mim e eu te aceito. Você sempre me
mostra alguma coisa que está errada e que eu
preciso mudar.

Você insiste em me empurrar pra frente, mesmo
contra minha vontade. Quer que eu faça tudo agora,
que eu resolva tudo na pressa...

Mas é aí que eu te apresento uma grande aliada
minha: A CALMA. A gente vai chegar lá. Não tem
pressa. Não tem hora certa. O tempo é relativo e
agora eu só estou dando o meu melhor.

Te acalmo porque eu sei que no final sempre dá tudo certo como tem que dar. Estranhamente, mas dá. Eu não preciso ter o controle de tudo, então não precisa me pressionar. Eu posso pegar cada pedacinho da vida aos poucos.

Fecha os olhos, respira fundo e confia no processo.

Tudo vai acontecer no momento certo.

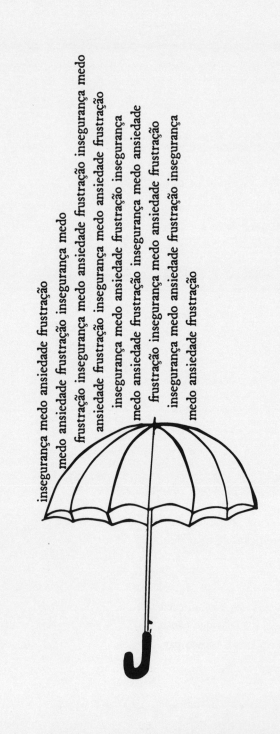

Querida Insegurança,

Eu te escuto todos os dias, até mesmo quando eu não quero.

Você é a voz na minha cabeça que grita comigo enquanto eu só quero falar baixo. Eu preciso que você entenda que você não é a voz que está no controle.

Eu sei que você odeia ser pega de surpresa e acaba criando os cenários mais assustadores para poder me segurar no colo como se eu fosse uma criança frágil.

"E se eu falhar em tudo?

E se eu não conseguir falar?

E se não me acharem legal?

E se eu não for atraente?

E se... e se..."

As suas perguntas não são afirmações, são apenas suposições vestidas de medo.

Perguntas sem embasamento, sem cabimento e muitas vezes até sem educação. Se você fosse humana, você com certeza seria aquelas crianças mal educadas que não param de fazer perguntas sem dar nenhum espaço para resposta.

E mesmo que você não queira me escutar, eu
te respondo:

Eu sou suficiente. Longe de ser perfeita, mas sou
suficiente. Eu tenho todos os recursos necessários
para receber tudo o que sei que mereço.

Fica tranquila que está tudo sob controle.

Querida Mentira,

Por mais que todo mundo te demonize, eu te entendo parcialmente.

Acho hipocrisia quem bate no peito e diz que nunca mente, que só fala verdades o tempo todo. Por favor, né? A quem queremos enganar? Às vezes nós temos dificuldade de assumir a verdade para nós mesmos, quem dirá para os outros?

Se a mentira é contada com a missão me salvar de alguma situação desconfortável, ela é sempre muito bem-vinda. Eu já menti sobre um falso compromisso, quando na verdade eu só queria ficar em casa. Eu já menti que namorava para um estranho que estava me incomodando. Eu já menti que estava doente quando só estava cansada...

Uma mentira banal que só afeta a mim mesma me ajuda a construir limites que eu tenho dificuldades de comunicar. Já quando a mentira afeta outras vidas, engana e trai, é como concordar com a ideia de machucar alguém que escolheu confiar em você.

Aí fica difícil de te defender...

Qual é a sua real intenção aqui?

Adiar um desconforto?

Porque sim, uma grande mentira nunca dura muito tempo e quem a conta cria só uma vantagem temporária.

Mentir, no final das contas, é só ganhar tempo.

E seria muito mais legal se a gente gastasse esse tempo só vivendo a nossa verdade.

Querido Ciúme,

Por que você faz isso comigo?

Por que você tira todo o meu sossego quando eu mais preciso de conforto?

Eu tento te entender, defender e explicar, mas no fundo eu sei a grande verdade. Eu sei que você só existe porque eu não me sinto boa o suficiente, bonita o suficiente, inteligente o suficiente, etc. etc. etc.

E a história vai longe, viu? Começa com um simples pensamento sabotador, e quando eu vejo estou em meio a uma batalha solitária e sem destino.

O ciúme nunca me levou a lugar nenhum, mas já me fez andar em círculos por ciclos intermináveis. Eu demorei para entender que o controle que eu criei sobre o que eu já chamei de meu é apenas uma grande ilusão.

Nada é verdadeiramente meu.

E eu querer controlar o tempo, alguém ou alguma circunstância é perda de vida.

O que é verdadeiramente meu vai permanecer sem precisar de esforço. Vai ser leve e simples. Não adianta eu tentar forçar a barra. O ciúme não vai me salvar de nada.

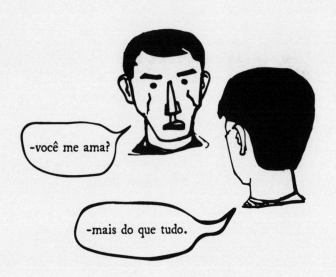

Síndrome do Pânico,

Eu não vou começar essa carta te chamando de "Querida". Você sempre foi muito agressiva comigo e eu nunca te dei liberdade para isso.

A minha primeira crise de pânico foi lá pelos seis anos de idade, quando eu estava deitada na minha cama, no quarto que dividia com o meu irmão.

Eu estava olhando para o teto do quarto, pronta para rezar, quando um pensamento sabotador chegou gritando "Mas por que Deus me criou? Por que eu? Por que eu existo?". Uma pergunta foi levando a outra, que foi levando a outra e... nenhuma resposta. Pânico. Eu não tinha resposta de nada, só perguntas em branco. Mais pânico.

Do nada eu comecei a gritar "Mãe! Mãe! Mãe!". E ela não vinha. Gritei mais alto. "MÃE!!!!! MÃE!!!! MÃE!!!!!!!" e ela abriu a porta aos prantos. "O que foi?" ela perguntou assustada. E eu não sabia responder. Meu coração estava disparado, minhas pernas estavam trêmulas e eu não sabia explicar o que tinha acontecido. Foi horrível.

A segunda vez que eu tive foi no banho, mesmas perguntas sem nenhuma resposta. A terceira vez foi na sala, depois de dormir no sofá. Eu me lembro de cada vez nos mínimos detalhes.

Dali em diante eu nunca mais dormi sozinha.
Eu tive que tomar banho de porta aberta por
longos anos e não podia cochilar no sofá porque
meu cérebro registrou os acontecidos como
grandes traumas.

Eu parei de dormir com a minha mãe com 18 anos
de idade, depois de finalmente descobrir o que era
síndrome do pânico. Eu comecei a tomar remédios,
fazer terapia, e parece que as crises pararam.

Mas não, elas voltaram aos 24 anos, porém eu sabia
controlar melhor. Eu ainda morava com a minha
mãe e ainda gritava pelo nome dela — era a única
palavra que eu conseguia falar. Eu queria que ela me
salvasse, assim como me salvou de todas as outras
situações ruins da vida.

Hoje completam-se dois anos que eu moro sozinha,
em um país longe da minha mãe, dos meus
cachorros e minha família. E se eu tivesse uma crise
de pânico agora? Para quem eu iria gritar? Quem
iria chegar correndo para me abraçar e me acalmar?
Ninguém. Eu não conheço nenhum vizinho.

Surpreendentemente, todas as minhas crises
pararam. Nenhum remédio, nenhuma terapia.
Hoje eu me faço as mesmas perguntas sobre minha
origem, durmo no sofá, tomo banho sozinha e...
nada. Talvez eu esteja curada, talvez não.

Eu não sei como vai ser amanhã, mas eu sei que eu
enfrentei muitos medos para estar hoje, aqui, deitada
na minha cama sozinha, escrevendo sobre um
assunto que me deixa completamente desconfortável.

Mesmo depois de tantas terapias convencionais e alternativas, eu enfrentar os meus medos e dúvidas foi o método que mais funcionou.

Sei que cada corpo funciona diferentemente e essa regra não necessariamente se aplicaria para todos, mas foi a regra que funcionou para mim.

Hoje eu não sei por que eu existo, mas eu tenho várias teorias. Eu me reconectei com Deus, com o meu propósito, e minhas "sombras" não me intimidam mais. Hoje eu entendo que todo mundo tem perguntas sem respostas, e tudo bem.

Sem motivo para pânico.

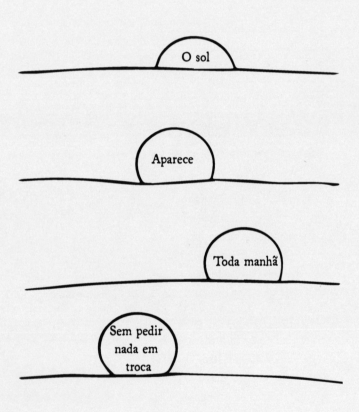

Queridos Traumas,

Ao longo da minha não tão longa vida, eu já colecionei traumas suficientes para sair contando para qualquer um por aí.

Muitas vezes falo até mais sobre os meus traumas do que sobre as minhas vitórias. Por quê? Eu tenho pequenas grandes vitórias todos os dias, como acordar mais uma vez, conseguir chegar em algum lugar ou só falar com alguém que amo.

Os traumas são feridas profundas nas nossas memórias, mas não podem se tornar feridas permanentes na nossa alma. Um evento traumático não pode definir quem eu sou. Uma pessoa que me fez mal não pode apagar a minha luz. Fatores externos não podem determinar o meu valor interno.

Embora seja dolorido, eu não posso deixar os traumas contarem a história da minha vida. Eu sou muito mais do que isso. Eu não sou apenas quem viveu os traumas, mas também sou quem superou os traumas. Por que eu nunca conto essa parte?

Todo dia que eu escolho melhorar, eu também escolho curar minhas feridas e me superar. Traumas, vocês me ensinaram muito sobre a minha fraqueza e minha força, mas isso não significa que vocês controlam a minha história.

As cicatrizes estão aqui, sim, mas a minha história é muito maior do que isso.

Querida Empatia,

Todo mundo sempre pede muito por empatia, mas dificilmente consegue aplicá-la na correria da vida.

Em uma discussão, eu só quero defender o meu ponto, o quanto estou certa e que os meus sentimentos são válidos acima de tudo. Eu raramente tenho o impulso de parar, calar o meu ego e apenas ouvir o outro lado.

Ter empatia é sobre aprender a ouvir. É como dar o meu microfone para outra pessoa falar e buscar entender os sentimentos dela, mesmo que não sejam os sentimentos que eu sinta.

A empatia é um superpoder que valida ideias e sentimentos que não são nossos. Isso une e fortalece relações pelo princípio mais básico, que é a troca. Troca de respeito, ideias e experiências.

Isso muda vidas e pode começar por qualquer um. Pequenos atos podem ter grandes impactos. Uma xícara de chá para quem está doente, uma atenção extra para quem está triste, uma ligação para quem está sozinho.

A empatia não tem idade, nem gênero, nem cor. A empatia só tem coração.

às vezes eu sinto que tudo está desmoronando.

Querido Luto,

Aprendi que não posso apressar as suas etapas.

Tem dias que vão ser melhores e dias que vão ser piores. Tem dias que eu vou me culpar por não o senti. Tem dias que eu vou simplesmente acordar não tendo um pingo de motivação para sair da cama.

Eu aprendi que o luto não é linear, e sim vivido em ondas. Às vezes eu só sinto vontade de reviver um pedacinho do passado e recorro a fotos, vídeos e áudios. Que tortura poder alcançar tudo aquilo por alguns segundos mesmo que não esteja mais no meu alcance. Faz o hoje perder o sentido e o amanhã também.

Respiro fundo e, mesmo contra minha vontade, eu entendo que o luto faz parte do plano da vida. Luto pelo que já se foi, luto pelo que não foi e luto pelo que não vai mais ser.

O luto machuca, mas também cicatriza.

Ele me lembra de que a vida é temporária e que cada segundo importa.

Eu quero transformar o meu luto em homenagem e tatuar na minha vida o legado e a história de quem já se foi. Todos os dias tudo será lembrado com imenso carinho e admiração. Levo em cada célula minha o amor por ter compartilhado a vida ao lado de anjos tão especiais.

Querida Força,

Me desculpa.

Eu não te dou créditos o suficiente.

Eu passo por coisas extremamente pesadas de cabeça erguida. Coisas que eu não compartilho com ninguém por opção, e só eu sei o quanto eu preciso de você o tempo todo.

Eu peço por você em dias que não tenho mais nenhuma esperança e também para quando eu mais tenho esperança.

Faça chuva ou faça sol, eu sempre preciso de força para seguir em frente. Seja para enfrentar uma tempestade ou o calor de emoções, você sempre está lá me segurando para não cair.

Você é muito mais eficiente do que um colete à prova de balas. Você enfrentou muito para manter o mais firme possível.

E a maior contradição é que eu te descobri nos momentos de maiores fraquezas. Você sempre esteve lá. Impressionante. Eu poderia até te dizer que você é minha maior aliada da vida.

Eu prometo te dar mais créditos daqui em diante.

Obrigada por tudo o que você fez até aqui.

Que eu nunca deixe de enxergar o
Universo de possibilidades na minha frente.

Queridas Obrigações,

Eu sei que tenho que fazer várias coisas o tempo todo.

Até mesmo quando não tenho que fazer nada, eu sinto que tenho. Do nada me sinto culpada por não fazer nada e me dou a pressão de ter que fazer algo. Ok, isso movimenta sempre a minha vida, mas também precisa ser dosado.

Eu não tenho que me sentir culpada por querer relaxar todos os dias.

Eu não tenho que me sentir culpada por dizer não quando eu não quero.

Sinceramente? Eu não tenho obrigação de nada. Eu posso ter tarefas. Mas tarefas e obrigações são conceitos diferentes. Eu espero não sobrecarregar minhas tarefas a ponto de elas todas virarem obrigações.

Mesmo que eu tenha uma lista interminável de "ter que" várias coisas, eu não posso deixá-la perturbar o meu sono ou até me sentir menos merecedora do descanso.

Por agora eu só tenho que dormir.

Boa noite.

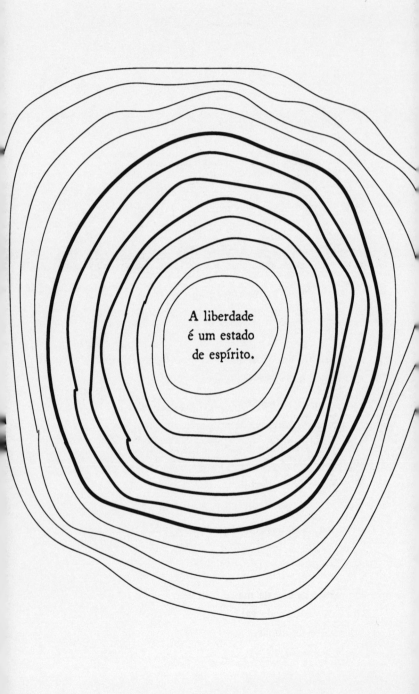

Queridos Irmãos,

Eu até poderia escrever uma carta para cada um, mas ia ficar muito redundante. O que eu tenho a dizer é igual para todos, só muda o remetente.

Vocês são os grandes responsáveis por grande porcentagem do meu caráter. Eu sei que eu tenho a minha personalidade estranha e tal, mas a base dos meus conceitos de vida foi especialmente construída de um lugar de muito amor e carinho que vocês me deram ao longo dessa jornada.

Nós não tivemos uma infância fácil comparada às dos nossos amigos, mas nós tivemos a infância mais feliz por termos uns aos outros.

O nome de vocês emenda o meu coração. É por vocês que eu faço tudo e é por vocês que eu continuo.

Nós somos extremamente diferentes uns dos outros, mas a nossa base forte de amor nos une todos os dias da forma mais divertida e verdadeira possível.

Não tem absolutamente nada na minha vida que eu seja mais grata do que pela existência de cada um de vocês.

E sabe o que me dá mais chão? Ter a certeza que absolutamente nada vai ser capaz de mudar este elo e encontro de almas.

Obrigada por serem os meus melhores presentes.

Escolher um destino é fácil.
Trilhar o caminho até lá que é difícil.

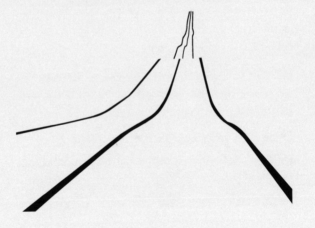

Querido Amigo,

Eu não espero que você seja feliz o tempo todo, embora eu te deseje isso.

Não espero que você seja perfeito ou tenha as respostas das minhas perguntas sem sentido.

Eu amo você pela sua bagunça, pela sua verdade e pela sua companhia.

Eu agradeço pela sua existência e por todos os momentos que tornaram minha vida mais rica. Eu revivo esses momentos sempre através das lembranças, das músicas e lugares que compartilhamos juntos.

Às vezes você nem precisa falar nada, fazer nada, só estar ali parado. Você conecta os pontos da minha bagunça só por me escutar e me entender. Você me faz pertencer e isso é grandioso.

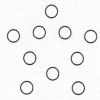
sozinho

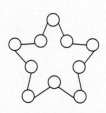
com amigo

Vou te contar que te achar não foi fácil. Eu já me enganei vezes o suficiente com falsos melhores amigos. Já confiei e quebrei a cara, já considerei mais do que devia, já coloquei em um pedestal que não merecia. Mas isso foi suficiente para hoje eu saber apreciar um bom amigo.

Um amigo que me liga do nada, me manda um meme fora de hora, que me confia tudo, que me dá espaço para falar e o mais importante: me faz sentir em casa fora de casa. Se essa carta chegou até você, saiba que eu tenho muita sorte em te ter na minha vida.

Obrigada por me aguentar — eu sei que não sou fácil.

Querido Porquê,

A este ponto do campeonato, seria ingenuidade minha pensar que eu teria as respostas de todas as minhas perguntas. Mas mesmo assim eu ignoro tudo isso e te pergunto:

É normal eu me questionar sobre tudo o tempo todo?

Não.

Ou eu acho que não.

Eu me olho no espelho enquanto faço a maquiagem e me pergunto: Por quê?

Eu me descabelo para tomar uma decisão simples como o que vou comer hoje e me pergunto: Por quê?

Eu me planejo para algo que nem sei se vai acontecer e me pergunto: POR QUÊ?

O porquê de tantos porquês me faz entender que não sei de absolutamente nada.

Será que todo mundo é assim também?

Será que a vida é muito menos sobre encontrar todas as respostas e muito mais sobre controlar as minhas perguntas?

Eu posso escolher entre aceitar que 2+2=4, ou contestar o porquê de 2+2=4.

Eu posso escolher que eu apenas existo, ou contestar todos os dias o porquê eu existo.

É escolha minha aceitar o quão longe eu vou com as minhas perguntas. Não consigo inibi-las por completo, mas consigo controlá-las. Consigo dizer "basta!" quando estão indo longe demais e entender a hora certa de parar.

Às vezes é preciso deixar algumas lacunas em branco, mesmo que nos tenham ensinado na escola, eu só sou boa se sei responder tudo.

Na vida a regra é diferente. Nem os meus professores têm todas as respostas. Nem os meus pais têm todas as respostas. Às vezes eu respondo perguntas que não são minhas, às vezes os outros respondem as minhas perguntas.

É isso. Eu acho que eu encontrei a minha resposta.

Querido Passado,

Embora o eu do presente ainda não entenda algumas de suas partes, eu quero que você saiba que eu te respeito.

Eu respeito todas suas fases, até mesmo as doloridas e vergonhosas, que me fizeram chegar até hoje.

Eu não concordo com tudo, ou sequer me orgulho de tudo, mas eu reconheço o quanto eu sei que sempre dei o meu melhor com aquilo que eu podia no momento.

Às vezes o meu melhor foi não fazer nada, assim como às vezes o meu melhor foi enfrentar tudo o que eu tinha.

Às vezes eu choro me lembrando de você, às vezes eu rio me lembrando de você.

Às vezes eu vejo fotos e penso "que história linda" e às vezes eu vejo fotos e penso "que história merd*"!

Não dá para negar que você foi um passado de contrastes e contradições. Muitos sonhos impossíveis alcançados e muitos sonhos possíveis inteiramente frustrados.

Você é uma mistura de pagode, com pop, com funk e samba. Você é confuso, mas mesmo assim eu amo a sua complexidade.

Queridas Promessas,

Eu já prometi que um amor seria para sempre. E não foi.

Eu já prometi que iria começar a minha mudança na próxima segunda-feira. E não comecei.

O mesmo serve para promessas que me foram feitas. Já recebi promessas de amor eterno, promessas de amizade eterna, e advinha só? Todas foram quebradas.

Promessas não foram feitas para serem juradas em falso, mas sim para reforçar a verdadeira intenção e sentimento do momento no momento em que são feitas.

Eu quero que seja verdade, embora eu não saiba se será verdade daqui alguns anos. O mundo muda, eu mudo, os outros mudam. E mudar de opinião sobre uma promessa não é o fim do mundo.

Como a gente pode prometer o eterno se nem a gente é eterno? A conta não fecha.

Prometer o eterno é como prometer o Universo.

O universo é infinito e imensurável. Não tem como controlar o incontrolável. Eu só preciso aprender a aceitar que nem tudo prometido é de fato cumprido e TUDO BEM. Eu posso confiar, desejar, esperar, torcer. E eu prefiro que seja só isso.

Eu nunca vou deixar a minha vida
ser menos do que incrível.
E esta promessa eu não vou quebrar.

Querida Perfeição,

Desculpe a sinceridade, mas a sua ideia é entediante.

Buscar por você é buscar pelo fim da diversão. Imagina só, tudo perfeito, sem nenhum defeito até o fim da vida?

Eu entendo que algumas adversidades são irritantes e a gente só quer pular para a melhor parte, mas será que as coisas realmente valeriam a pena se nenhum problema existisse? Será que a gente aprenderia as coisas, desafiaria os nossos limites, contaria histórias tão loucas e diferentes? Será que a vida seria tão... preciosa?

Eu acredito que o desafio da vida não é ir em busca da vida mais perfeita e sem problemas, mas sim da vida mais divertida e excitante.

E isso pode ser qualquer coisa. Pode ser no meio do nada, com o amor da sua vida, em outro país, com uma criança que não é sua, com um cachorro sem raça, um gato vesgo e talvez uma cobra. Como aquele sonho sem nenhum sentido e imperfeito que faz a gente não querer dormir cedo ou dormir feliz ansioso pelo amanhã.

Isso é mais simples do que parece. É só se lembrar que:

Eu não sou perfeita.

Você não é perfeito.

Nenhum relacionamento é perfeito.

Nenhum corpo é perfeito.

Nenhuma saúde é perfeita.

Nenhuma vida é perfeita.

Nem esta carta é perfeita.

As coisas só são como são.

Quando que nós vamos finalmente aceitar isso?

Querida Turbulência,

Escrevo essa carta no meio de um voo de Florianópolis para São Paulo, durante uma pequena turbulência.

Eu sempre odiei turbulências. Não gosto de sentir a pressão mudando. Me dá dor de estômago, por mais que eu saiba que é uma coisa normal.

Assim como em qualquer trajeto na vida, as turbulências são inevitáveis. Eu vivo pequenas turbulências todos os dias, às vezes físicas, às vezes emocionais. E eu sempre sinto o mesmo desconforto, medo do que vai ser, medo de dar tudo errado.

Turbulência é um fator externo que foge do nosso controle e mexe com o nosso interno. Como não temer aquilo que não conseguimos controlar?

Não temos turbulência só quando estamos no ar voando, mas também tremores no chão. O primeiro terremoto que eu senti foi um verdadeiro pânico. Como ter certeza de que tudo vai ficar bem enquanto vejo a minha casa toda tremer?

Que dor de barriga. A primeira coisa que eu quero fazer é correr para o banheiro, mas eu me sinto paralisada e só conto os segundos para parar, mesmo que eu nem saiba quantos segundos contar.

O comandante acabou de dar as boas vindas. A contagem progressiva parou.

Acredito que é durante uma turbulência que eu devo aprender a confiar. Nunca tem nenhuma garantia de segurança extrema, mas eu devo confiar que sempre vai ficar tudo bem, porque sempre fica.

Eu não gosto de alturas, mas também não gosto de ficar presa no chão. Seja no céu ou chão os tremores continuam. E eu mesma tremo às vezes. Os impactos físicos da vida são inevitáveis e acontecem o tempo todo e eu vou ter que aprender a lidar com eles.

Querida Ansiedade Social,

Grande parte de eu me sentir tão ansiosa é por causa da cobrança de ser perfeita, de me encaixar, de me sentir aceita por aqueles que amo de graça.

Não faz muito sentido isso, porque apesar de eu amar essas pessoas, eu reconheço que elas também não são perfeitas.

Elas não são perfeitas.

Elas erram comigo, elas erram com os outros.

Elas também têm medos.

Por que eu não teria? Por que eu seria a única exceção do mundo inteiro?

Não faz sentido.

Toda vez que eu vou para um novo lugar encontrar alguém novo ou alguém que não vejo faz tempo, eu sinto meu peito apertando, meus músculos contraindo, minha respiração ficando mais pesada...

Tudo isso a troco de quê?

Ninguém tem a resposta de nada. Ninguém sabe de tudo. Ninguém sabe de p*rra nenhuma, na verdade.

Eu não vou me dar essa responsabilidade.

Não faz sentido.

Eu vou ser eu. Se eu quiser ficar quieta, eu fico. Se eu quiser falar, eu falo. Se entenderem, ótimo. Se não entenderem, ótimo também, eu pego minha bolsa, volto pra casa e ainda peço uma pizza.

Não tem nenhuma situação que eu não seja capaz de reverter.

E isso é o melhor consigo me dar hoje.

Querido Foco,

Eu já entendi que não preciso de mais tempo, eu preciso de foco.

Eu não preciso de mais horas no meu dia, eu preciso só acordar mais cedo e não passar tanto tempo no meu celular.

Sabe, às vezes eu fico horas ali, parada, sem dar início ao meu dia justamente porque não tenho foco. Alguma parte de mim tenta me convencer de que eu só vou ter foco quando eu me sentir motivada, mas na verdade o processo é o contrário. É tendo foco que eu me sinto motivada. A motivação não é um remédio que você toma, ou um sentimento que vem do nada. A motivação é exercitada pela consistência e disciplina.

É difícil ter foco quando se tem TDAH. Eu quero fazer 15 coisas ao mesmo tempo. Às vezes eu lavo louça, enquanto faço a maquiagem, respondo e-mail e falo com a minha mãe no telefone.

Quando eu vou aprender que o foco é executado com calma? Que uma coisa deve ser feita por vez?

Eu sou a diretora do meu filme, então só eu posso organizar os horários de ensaio, pausa e execução. Mais ninguém. Posso ter ajuda, claro, mas cada pequena decisão é minha.

Talvez eu deva tentar um calendário de bolsa, talvez eu devesse ficar menos horas no celular, talvez eu devesse ler mais livros. Talvez eu só tenha que focar aqui, agora, nesta carta, e os outros planos eu executo aos poucos.

Acho que esse é um bom começo.

Queridos Sentimentos,

Hoje eu entendo a necessidade de senti-los, todos, para a criação de uma história de aventuras e contrastes.

O que seria de mim sem nenhum medo? Sem nenhuma insegurança? Sem nenhuma ansiedade? Não sei, mas essa ideia me deixa entediada.

Sei que buscamos nos sentir felizes o tempo todo, mas a vida é sobre experenciar toda a régua de emoções, das piores às melhores, de novo e de novo.

O bebê nasce como uma explosão de felicidade, de fé, de amor. Semanas depois, o bebê fica doente pela primeira vez. E com isso vêm preocupações, medos, ansiedades. E assim a vida vai nos levando, machucando, curando, regenerando. Esse é o milagre da vida. As coisas fluem para diferentes direções e a natureza sempre dá conta de consertar.

O que te dá ansiedade hoje te dará uma solução amanhã. O machucado do seu joelho irá regenerar um novo tecido em dias. É preciso aprender a confiar no processo, mesmo que tudo pareça uma bagunça agora.

Não temos discursos racionais o suficiente. Nem científicos. Todos se contradizem mais cedo ou mais tarde.

Sigo a minha vida tentando oscilar entre a calma e qualquer outro sentimento temporário, pois é assim que vivo melhor. A paz é a minha escolha mais próxima da confiança, pois quando você confia, você vai dormir em paz.

E mesmo que eu não tenha certeza que eu vá acordar amanhã, eu confio nessa possibilidade. Eu faço planos do que comer, quem visitar, que tarefas fazer. Tudo está programado para amanhã, e talvez até para mês que vem, mesmo que não haja nenhuma garantia.

Eu confio no milagre, no universo e no potencial da vida. Eu confio e busco estar sempre nas melhores vibrações. Sei que nem sempre é possível, mas vou tentar dar o meu melhor. Afinal, a vida é temporária para mim e para todo mundo. Então eu quero aproveitar o máximo, porque a vida é linda, a natureza é impressionante e as histórias que construímos juntos são muito melhores do que qualquer filme que já assisti.

A história da minha vida é real, com sentimentos reais, pessoais reais, lutas reais, e tudo isso me inspira a ser mais eu.

Queridos Pensamentos,

Nós temos cerca de 60 mil pensamentos durante o dia e grande parte deles podem ser negativos de acordo com a situação do agora.

Pensamentos negativos não significam que você é uma má pessoa e que deseja o mal para os outros. Você somente está em um cenário mental não muito favorável e você pode mudá-lo com algumas práticas diárias.

Depois de muitos anos tendo um péssimo diálogo interno, finalmente entendi que os meus pensamentos negativos não significam que sou uma má pessoa ou que desejo o pior para mim e para os outros. Não é essa a minha intenção.

Significa, apenas, que estou um estado de mente não favorável e posso mudá-lo agora com algumas práticas diárias.

"E se eu cair dessa montanha" não significa que você vai cair de uma montanha. Significa que você está com medo de altura, e este medo desencadeia pensamentos ruins.

Assim como você não encosta no ferro quente porque você sabe que vai queimar a sua mão, você não vai se jogar de uma montanha porque você sabe que vai morrer. O seu sentimento que cria pensamentos, e não o contrário. Cabe a você tacar o foda-se para alguns pensamentos que não vão te levar a lugar nenhum.

Às vezes os nossos pensamentos criam coisas que não são possíveis. Se eu te pedir para imaginar um pepino com orelha, você vai conseguir. Se eu te pedir para imaginar uma nuvem de terno, você também vai conseguir.

Isto significa que a criatividade vai longe para os dois lados, para o bom e para o ruim.

Tudo na vida é neutro e só eu posso escolher dar o significado.

Querido Cancelamento,

Você força a ideia de que tudo precisa ser perfeito.

Quando as pessoas saem da ideia de perfeição, elas são canceladas.

Disseram algo errado: cancelado ✓

Fizeram algo errado: cancelado ✓

Comeu algo errado: cancelado ✓

Usaram a roupa errada: cancelado ✓

Quem cancela é hipócrita. Quem cancela também fala errado, faz errado, usa errado.

Se você cancela, você indiretamente apoia o fim de alguém. CANCELAR é ELIMINAR ou RISCAR algo para tornar sem efeito, segundo o dicionário.

Um ser humano sem efeito é um ser humano sem vida. A partir do momento que você acha legal ensinar sugerir que uma pessoa seja cancelada, eliminada, sem efeito, você deseja que ela morra.

Não é exagero, eu já recebi pequenos cancelamentos por motivos bestas que me fizeram contestar meu próprio valor, mesmo vindo de pessoas que não me conhecem. Nenhum ser humano é programado pra ser tão forte e invencível como um herói fictício de história em quadrinhos para combater tanto mal que os outros desejam. Isso é ficção.

Todos nós somos uma esponja e absorvemos tudo ao nosso redor. Isso pode ser de alguém da família ou de um estranho na rua.

Quem cancela realmente acha que pode ensinar uma pessoa usando o ódio e refletindo sua frustração pessoal. Essa tática não funciona, induz a ansiedade e sugere suicídio.

Quem cancela pode ensinar algo sendo gentil e educado. Falar com jeito, como se você tivesse olhando pra pessoa olho-no-olho. Não é passar pano para erros, mas saber ter o mínimo de educação e respeito por quem não te conhece e aprender a comunicar de forma adulta.

Um exemplo de como funciona? Quando você tem um problema, você procura o seu melhor amigo ao invés do seu pior inimigo para desabafar. Isso porque você quer crescer com um conselho, não com um insulto.

Querida Falta de Esperança,

Eu escrevo essa carta com falta de esperança, mesmo desejando ter uma última gota de esperança.

Às vezes a gente se perde e não sabe como "voltar ao normal".

Às vezes a gente fica cego pela necessidade de se encaixar, de pertencer e de se sentir amado.

Às vezes a gente perde a vontade da vida, mesmo quando se ama viver.

Esses dias são difíceis. Os dias em que você não vê a luz no fim do túnel, a última gota de esperança em meio a tanto caos.

Hoje foi um dia particularmente difícil. Estou tendo dificuldade de ver quem está do meu lado, quem realmente está do meu lado.

Eu quero ter esperança, eu quero olhar o meu celular e ter uma única mensagem perguntando se está tudo bem, mesmo que eu não queira falar sobre estar tudo um caos, confuso.

Eu acabei de voltar do Uber e disse que era brasileira. Ele me disse que todas as brasileiras que ele conhece aqui em Los Angeles são prostitutas. Aonde ele estava querendo chegar com isso? Respirei fundo, contei até três e saí do carro. Deitei na minha cama olhando para a parede pensando que as minhas lutas diárias aqui neste país vizinho não valem de nada, as pessoas têm preconceitos e eu não posso fazer nada para mudar isso.

Às vezes eu queria não ouvir muita coisa que ouço ou desver coisas que vejo. O mundo tem uma mente cruel. Por mais que eu tente ver o melhor nas pessoas, elas simplesmente amam difamar umas às outras. Eu queria ter esperança de viver em um lugar um pouco mais leve e divertido.

Tudo é drama, tudo é tóxico, tudo é pesado. E eu só queria sentar em uma praia e ouvir o barulho dos coqueiros batendo, das ondas quebrando, ao lado de pessoas que eu genuinamente amo e não preciso me esforçar o tempo todo para ter um bom momento.

É tão difícil achar o nosso círculo, e eu já mudei o meu círculo várias vezes. Dos mais variados tipos de idade, de cultura, de pensamentos...

Tanta gente já passou por mim e eu ainda me sinto agressivamente sozinha. Não sozinha de corpo, mas sozinha de alma.

Eu sei que todos viemos para cá e vamos embora sozinhos, mas eu genuinamente acredito que a trajetória precisa ser compartilhada. Caso contrário, qual o sentido de sermos em tantos?

Será que é normal se sentir por fora de tudo? Será que pessoas casadas se sentem assim? Será que famílias completas se sentem assim? Isso é uma coisa que só eu sinto ou todo mundo sente?

Sem respostas.

Ok, uma última pergunta: se todos nós não sentimos assim, por que nós não nos acolhemos mais?

Não esqueça de olhar
como o céu está bonito hoje a noite.

Querida Imaginação,

Eu me lembro de você ser mágica quando eu era pequena. Meu mundo era mais colorido e as formas das coisas iam muito além do quadrados, círculos e triângulos que vejo em tudo hoje. As coisas tinham formatos de animais ou desenhos e eu criava todo um filme em cima disso.

Eu me lembro de imaginar minha primeira amiga, Madonna, com quem eu conversava todos os dias e pedia os melhores conselhos. Ela foi uma excelente amiga.

Eu me lembro de imaginar meus cachorros usando jaquetas de couro em cima de uma moto. E isso me fazia feliz.

Eu me lembro de imaginar que todas as comidas que eu desenhasse com meus lápis na parede, minha mãe ia fazer na janta (e muitas vezes funcionava!).

Eu me lembro de imaginar eu e meus irmãos em uma corrida de carros pequenos, que eram os mesmos carros para adulto, só que menores e super brilhantes e coloridos.

Eu sempre flertei muito com a minha imaginação e isso me levou a lugares incríveis na minha vida real. Eu nunca deixei ninguém me limitar muito.

Eu cresci ouvindo "ah, isso é impossível", "ah, isso é só pra gente rica", "ah, quem pode pode, mas isso não é pra gente como a gente" e embora eu não falasse nada, minha cabeça tava o tempo inteiro "POR QUE NÃO?".

Eu nunca aceitei ninguém colocar limites na minha imaginação, porque as coisas não parecem ser reais o suficiente. O conceito da vida, para mim, já é irreal e improvável o suficiente, e mesmo assim aconteceu.

E foi me perguntando tantos "por que não" que eu pensei por anos que me fez chegar ao conhecimento da lei da suposição, que é uma lei universal em que tudo o que você supõe como verdade na sua mente, se torna real na sua vida... real. Já ouviu falar que algo era fruto da sua imaginação? Pois é, exatamente isso.

Tudo o que você experiencia você um dia criou na sua mente e visualizou como "possível". Tudo o que você já viveu até hoje, seja bom ou ruim, é reflexo das suas crenças sobre você mesmo, sobre o amor, sobre sua vida, e por aí vai.

Você imagina que alguém vai te trair e adivinha o que acontece? Você imagina que vai perder o emprego e adivinha o que acontece? Você imagina que vai passar mal durante uma apresentação e imagina o que acontece?

E depois ainda fala "é como se eu já estivesse sentindo que...". Na verdade, sim, você cria todas as suas experiências de acordo com o que sua imaginação cria.

Agora imagina se você começar a pensar coisas melhores para você mesmo? Melhorar o seu relacionamento consigo e se tratar menos mal? Aposto que as suas suposições vão mudar, e suas experiências vão mudar também.

Sei que é desafiador fazer tudo isso com vários traumas e inseguranças na frente, mas isso é papo para outra carta.

Querida Nova Eu,

Ninguém que te ama de verdade vai deixar de te amar por você ser sua nova você.

Amor que é amor te acompanha em todas as suas fases.

Não tenha medo de incorporar sua nova versão.

Você batalhou para chegar aqui e merece ficar só em paz.

Aproveite tudo aquilo que você sempre quis.

Eu não vou me prolongar muito, até porque você vai descobrir muitas coisas por conta própria.

Se divirta nesta jornada e faça a sua história parecer um filme que você amaria assistir.

Quando nós sonhamos, para onde nós vamos?

Querido Não Sei,

Eu não sei de nada.

E sabe o que mais me conforta? Ninguém sabe de nada também.

Eu tive a oportunidade de conhecer pessoas dos mais diversos estereótipos. Ricas, pobres, magras, gordas, brancas, pretas, da minha escola, de outra cidade, de outro país, da mesma língua, de outra língua e todas têm a mesma coisa em comum: ninguém sabe de nada.

Você acha que a Oprah sabe? Ou que o Justin Bieber sabe? Ou que Roberto Carlos sabe? Eles podem até ter uma ideia ou até mesmo algumas crenças fortes, mas ninguém sabe ao certo.

Todo mundo só nasceu e tá vivendo da melhor forma que consegue até morrer. Ninguém sabe como e por quê, mas isso não importa. A música precisa continuar de qualquer jeito. E todo mundo precisa fingir o tempo todo que sabe de todo. É assim que se faz dinheiro, certo?

Isso me conforta. Assumir que eu não sei de nada faz eu sentir que eu pertenço a algum lugar de verdade. Só é uma pena que não falamos sobre isso o suficiente. Acho que se todos nós nos víssemos dentro da mesma esfera, ninguém mais iria se sentir tão sozinho.

Vivemos em um mundo que rankeia as pessoas pela sua popularidade e poder social, e contraditoriamente as pessoas no topo são as que menos entendem. Elas podem ser até ser master no fazem, mas no fim do dia elas não sabem de nada assim como todo mundo.

Ninguém sabe de nada. E isso me conforta.

Querido Ex,

Começamos escrevendo essa história como se fosse um filme da Disney. Você fez eu acreditar que eu era a pessoa mais importante da sua vida em apenas um mês.

Você largou tudo por mim, vendeu todos os móveis e falou "estou pronto para recomeçar a minha vida com você".

Eu me lembro de cada processo. Do quão difícil foi você se desprender de tudo para começar do outro lado do mundo com pessoas que você não conhece... tudo em nome do nosso amor. Isso é um sonho?

Quando eu parei de ser novidade para você, você esfriou agressivamente comigo. Foi da noite pro dia e sem nenhum motivo. No começo nós chorávamos por horas no aeroporto a cada despedida, e depois fiquei mais de cinco meses sem sequer ouvir sua voz no telefone por "falta de tempo". O que aconteceu? É a minha atitude, minha aparência, alguém novo?

Eu me perguntava todos os dias onde eu tinha errado e como eu podia consertar isso. Como eu podia compensar? Talvez mais uma viagem, mais um presente, mais um jantar romântico, mais uma carta? Talvez te ajudar mais profissionalmente, te motivar mais?

Nada foi suficiente.

Eu vivi maior parte deste relacionamento sozinha, e quando eu reparei isso eu só fiz as minhas malas e fui embora. E foi a melhor decisão da minha vida.

Eu desejo que você cresça, que você aprenda sobre responsabilidade afetiva e os traumas que isso pode causar do outro lado. Hoje eu tenho dificuldade de acreditar em qualquer declaração de amor e não porque eu não quero amar, mas porque você construiu e desconstruiu o meu conceito de amor verdadeiro e está muito difícil de construir de volta.

Eu só queria que você tivesse sido honesto. Não quer mais? Fala. Eu te perguntei tantas vezes. Quer outro alguém? Fala. Vai doer, mas eu mereço sinceridade. Não precisa criar um teatro todo nem se colocar no papel de vítima.

Na verdade, esta carta é mais para mim do que para você. Eu vou ter que voltar a lê-la todas as vezes que eu me sentir culpada de ter sabotado esse relacionamento de alguma forma. Porque era assim a nossa dinâmica. A cada discussão, eu sempre era exagerada, via coisa onde não tinha, e acabava silenciada. E você nunca pediu desculpas por nada.

Como eu fiquei tanto tempo nessa situação?

Eu sinto que eu precisei romper comigo mesma para darmos certo. Eu abri mão demais, criei mais exceções do que o aceitável. Esse foi o meu maior erro dentro do relacionamento.

E eu prometo para mim mesma que isso não vai acontecer de novo. Não importa quem seja, ou o plano divino que a pessoa me ofereça.

Você foi um péssimo namorado, mas um excelente professor. Eu finalmente consegui aprender que eu nunca devo abrir mão de mim por ninguém.

Meus sonhos antes, minha saúde mental antes, meus princípios antes.

Antes do ponto final, eu tenho uma última coisa a acrescentar:

Nós não tivemos um final feliz, mas tivemos uma história bonita. Eu tento me apegar às nossas melhores memórias para não estragar o filme e às vezes eu falho. Tudo bem, não vou me culpar por isso.

Nós dois erramos muito. Erramos achando que estávamos acertando dentro do que era possível naquele momento. Eu sei do seu coração e eu te desejo o melhor.

Eu quero te contar que sim, a ferida se cicatrizou e eu não tenho mais mágoas. Tenho lembranças mistas, confusas, mas em maior parte, reconheço que o nosso amor me deu a chave para o amor próprio. Eu te agradeço todos os dias em silêncio por isso.

Eu encontrei muita paz quando finalmente
entendi que algumas pessoas não estão em
guerra comigo, mas sim consigo mesmas.

Querida Autocobrança,

É tanta cobrança e eu nem sei por onde começar.

Vamos começar separando as cobranças por caixas?

O que eu quero realizar hoje   O que eu quero realizar esse mês   O que eu quero realizar este ano

Às vezes eu confundo as caixas e coloco o que eu quero realizar este ano no que eu quero realizar hoje. E nem sempre é possível, nem tudo é no meu tempo. Eu sou um trabalho em progresso e é entregando ontem, hoje e amanhã com calma que eu consigo realizar o que quero a longo prazo.

Não tenha pressa. Mas também não tenha preguiça. Encontre o equilíbrio e as cobranças pesadas se tornarão simples tarefas.

Fazer a cama pode ser a coisa mais chata do dia, como também pode ser a mais rápida.

Combine disciplina com consistência e terá todas as cobranças organizadas.

O que é verdadeiramente bonito
nunca pede por atenção.

Queridos Vícios,

Vocês nada mais são do que hábitos diários difíceis de serem quebrados.

Tudo começa com um simples estímulo, que se torna frequente com o tempo, até se tornar algo completamente autodestrutivo.

Dependência de celular, compulsão alimentar, vontade incontrolável de beber, fumar, comprar, enfim, grandes vazios que provocam grandes excessos.

A necessidade de recompensa pode ir longe. É como dar a primeira colherada no nosso sorvete favorito e não ter mais controle de parar. O corpo não pede educadamente pela recompensa, ele implora, ele agride.

Isso vai muito além de só querer algo. É quase involuntário. A solução pode ser longa, complexa, multidisciplinar e voluntária, precisando muitas vezes de apoio de terceiros.

O primeiro passo para se ver livre de um vício é reconhecer que ele é um vício e tudo bem. Não é o fim do mundo. Ninguém nasceu com um manual de instrução e todos nós precisamos de ajuda para uma boa manutenção interna.

Tudo em excesso pode ser vício, até mesmo hábitos saudáveis, como passar incontáveis horas na academia, beber incontáveis litros de água e tal. Uma vez eu conheci uma pessoa que era viciada em vitaminas e tomava vários comprimidos por dia, não respeitando a dose diária.

Que loucura, né?

A gente pode se perder tão fácil, basta só convencer o nosso cérebro de que algo é bom demais para a gente. E aí é uma linha tênue entre o equilíbrio e o excesso.

Teve uma época que eu estava bebendo mais do que deveria. Medo de falar em público? Um shot! Medo de lidar com os meus sentimentos? Mais um shot! Queria fazer mais amigos? Mais um shot! Por que diabos eu achei que a bebida ia me salvar de tudo?

A verdade é que um vicio nunca salva a gente de nada. A gente só se afunda mais, se perde da gente e se desconecta do nosso propósito.

Qual o sentido disso tudo?

Querido Recomeço,

A verdade é que a vida é temporária para todos nós, mesmo que a gente se esqueça disso todos os dias.

A gente vai crescendo e tendo que se readaptar à força. Do nada a gente acorda e a pessoa que a gente mais ama no mundo não está mais lá. Aquele emprego ou título tão sonhado não faz mais tanto sentido. Aquele relacionamento acabou e a gente fica sem entender o porquê.

Eu precisei recomeçar a minha vida várias vezes, mesmo contra a minha vontade. Quando minha melhor amiga me traiu, quando meu pai foi embora de casa, quando meu pai faleceu, quando eu terminei o namoro, quando eu me tornei figura pública, quando eu mudei de país, quando eu perdi a visão de um olho.

Grandes acontecimentos, sejam mágicos ou trágicos, mudaram minha vida para sempre.

Escolhas feitas por mim ou não mudaram a minha vida para sempre.

Eu não me arrependo de nada nem condeno coisas ruins que aconteceram comigo. Tem coisa que não tem nada a ver comigo, pois é a jornada de outra pessoa, mas ainda assim mudou a rota do meu rumo. Tem coisas que são inevitáveis na vida, como a morte, e eu não posso me culpar por ela. Eu não posso me culpar por cada relacionamento que não deu certo. Eu não posso me culpar pelas tragédias do dia a dia.

Mas eu posso sempre recomeçar do zero depois das cicatrizes inevitáveis que a vida deixa. Eu só tenho uma chance aqui nessa vida sendo eu, e eu não vou poupar esforços para dar o meu melhor a mim mesma e a todos que escolheram me amar.

Querida Derrota,

Atrás da porta, me encontro em um ambiente completamente escuro e vazio. Sem ter percebido, fechei a entrada e a saída do meu próprio túnel. A luz se foi. Tudo o que eu escuto é a tv do vizinho e a minha própria respiração. Agora, o pensamento é a minha única companhia.

Sinto a solidão me agredir fisicamente. Penso e repenso. Soluções se dissolvem antes mesmo de serem criadas. Dou um passo e recuo. O cenário está perfeito para eu assistir de camarote a minha própria derrota.

Mas não. Algo não encaixa. Eu não quero aceitar isso. Minha existência não pode ser só isso.

A contradição é:

É só chegando no fundo do poço que a gente senta por alguns minutos e percebe que o único caminho de volta é para cima. E, de repente, um sentimento de fraqueza e cansaço se transforma em uma força interna e desconhecida que dá um forte impulso para o alto.

Percebo que derrota é uma batalha pessoal e que a única pessoa que pode mudar isso sou eu mesma. Não há salva-vidas. Eu estou sozinha nesta minha luta diária e devo parar de atribuir aos outros a responsabilidade de me salvar. Eu posso ter ajuda no caminho, mas o esforço de continuar subindo é meu.

Quando se há amor próprio, não há barreiras que te prendam em lugar algum. Prefiro escolher abrir o meu túnel sem saída e explorar a maravilha de ser quem eu sou.

Cabe à mim escolher aceitar as derrotas ou bater de frente com elas.

E mesmo que eu esteja cansada, eu escolho tentar de novo, de novo e de novo. Quantas vezes for preciso para eu poder escrever minha próxima carta.

Querida Ajuda,

Do que adianta eu sempre estar aberta para ajudar as pessoas se eu tenho pavor de pedir ajuda quando preciso?

Tem vezes que eu tô no meio do caos, tudo desmoronando ao meu redor, e tudo o que eu preciso é só de um abraço. Mas aí meus pensamentos correm para me sabotar dizendo que eu posso estar incomodando, ou sendo chata, ou sendo inconveniente.

Um ato de bondade pode mudar a vida de alguém e eu preciso abrir a porta para as pessoas mudarem a minha vida. Eu não posso fazer mais isso sozinha. Eu não consigo segurar todo esse peso só com as minhas mãos.

Ser solidário não exige esforço, exige apenas amor. E todo mundo é amor. Eu não estou tirando nada de ninguém, assim como ninguém tira nada de mim quando me proponho a ajudar. É da nossa natureza cooperar para a cura, para o bem e para solução. Faz bem para a alma e nos dá propósito para viver melhor.

Ser solidário nunca deve ser um incômodo. E eu preciso entender de uma vez por todas que ajudar e pedir ajuda é um superpoder que todos nós temos e devemos aprender a usar mais.

Queridos Sonhos,

Que eu entenda de uma vez por todas que eu serei a pessoa que mais vai acreditar em vocês. Ninguém mais precisa fazer esse papel por mim. As pessoas não precisam comprar a ideia dos meus sonhos e, sinceramente, eu também não preciso vendê-las.

Eu não preciso receber o "ok" de ninguém para tomar coragem e partir rumo ao desconhecido — porque sim, a jornada de um sonho é sempre desconhecida. Ninguém vai viver pela gente, com as nossas emoções e com as nossas expectativas.

Quando eu fecho os olhos, eu me realizo por alguns segundos só de poder enxergar com a alma a felicidade de uma grande conquista. Eu consigo sentir sorrisos e até mesmo a paz no meu mundo e é só dessa motivação que eu preciso.

Pode ser que a jornada seja longa, lenta, turbulenta, chata, inconsistente... mas aí eu fecho os olhos de novo e me lembro por que eu não posso desistir.

Eu respiro fundo e decido ser a minha melhor versão. De novo e de novo. É exaustivo acreditar no invisível, sabia?

Mas no final vai valer a pena.

Eu não vou desistir de vocês.

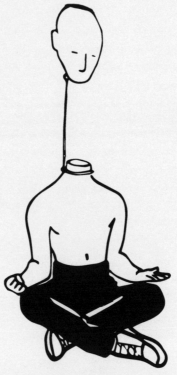

Você pode não ter asas para poder voar,
mas tem uma mente brilhante para poder sonhar.

Queridos Aprendizados,

O maior aprendizado que eu tive na vida foi: Escolha amar pessoas que são gentis com o seu coração.

Quando sentimos o amor, nos transformamos. Podemos ganhar força, e também perdê-la. Podemos acender uma luz, e também apagá-la. Tudo depende de quem você ama e como você ama.

Você pode se transformar em puro amor ou em pura carência vestida de amor. Essa carência mais tarde pode se tornar dependência ou obsessão e te levar a caminhos obscuros sem atalho para retorno. E aí você quebra.

Por isso, escolho bem quem eu vou amar. Esse é o melhor presente que eu vou dar ao meu coração ao longo da vida. Não preciso ter pressa em entender os meus sentimentos. Não tenho pressa de subir cada degrau. Se for a pessoa certa, ela não vai me amar com data de validade. Ela vai respeitar o meu tempo, as minhas escolhas e nada vai ser imposto. Vai ser um amor gentil, que me aceita como eu mereço e me aquece de todas as formas.

Toda vez que eu amei com pressa, eu amei errado e me perdi dentro de mim mesma. Não respeitei meus sinais, minha intuição, o meu tempo, tudo pela urgência de me sentir amada.

Aprendi que só eu posso escolher quem devo amar.
E que se eu me deixar seduzir pelo supérfluo e
vazio, eu vou acabar me sentindo supérflua e vazia.

O amor é o nosso maior aprendizado. E não
tem problema amar errado. Só assim a gente vai
aprender a amar certo.

Querido Apego,

Eu acredito que você é uma das coisas mais difíceis a se entender sobre a vida. Como eu devo amar as pessoas sabendo que eu não posso me apegar muito?

O apego é o conforto, o abraço apertado que preenche qualquer vazio.

Mas a gente também sabe que a vida é uma experiência individual e intransferível, e que devemos estar sempre preparados para desapegar de alguém que amamos profundamente...

Eu não te entendo muito bem, sabe. Qual é o ponto de me entregar completamente, sendo que todo mundo fala que eu "não posso me apegar demais"?

Existe um caminho menos confuso ou contraditório?

Eu não sei querer algo sem criar expectativas ou amar sem ter nenhum apego. Eu falhei em entender o que todo mundo quer me ensinar e sinceramente eu desisto.

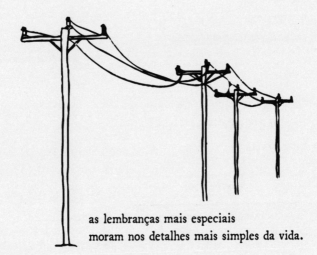

as lembranças mais especiais
moram nos detalhes mais simples da vida.

Querido Perdão,

Seria muito pedir para você ser um processo mais fácil?

Eu preciso seguir em frente e tirar os erros dos outros dos meus ombros, mas parece que eles estão enraizados dentro de mim.

Um dia me disseram que, para a gente ser feliz, a gente precisa perdoar todos aqueles que nos fizeram mal, independente de eles pedirem perdão ou não.

"Mas como eu devo perdoar aquilo que ainda dói em mim?"

É uma escolha de autocuidado.

É entender que perdoar não é ignorar os seus sentimentos ou fingir que não aconteceu.

Perdoar não é calar as dores.

Sabe o que é perdoar?

É seguir em frente. É entender que eu não posso mudar o que já aconteceu, mas posso reconsiderar o que sinto. Posso escolher não ter necessidade de vingança, de calar alguém, de viver em prol do arrependimento alheio. Isto me acorrenta ao o que já aconteceu.

Eu quero ser livre. Eu quero mudar. Eu quero recomeçar, reescrever minha história de uma forma melhor. E, para isso, eu preciso tirar a minha energia e atenção de quem já me feriu.

Eu escolho perdoar, mesmo sem um pedido de perdão.

Queridos Superpoderes,

Finalmente entendi que não preciso fazer nada extraordinário para salvar a vida de alguém. A bondade e empatia são os maiores poderes que transformam a vida das pessoas ao seu redor para sempre. E isso é suficiente.

Ouvir um amigo em um dia ruim, motivar alguém que perde o interesse na vida ou simplesmente dar o abraço em quem precisa de amor são algumas das coisas grandiosas que a gente faz sem nem perceber.

Eu nem sei quantas vezes meus amigos e família salvaram a minha vida sem de fato saberem. Eles não precisaram arriscar a própria vida como em um filme de ação, mas a rota da vida mudou e continua mudando todos os dias só pelo fato deles estarem ali, presentes, toda vez que eu preciso.

Você é especial, assim como eu sou especial. Todo mundo é especial de alguma forma significativa e estranha. E por mais que a sociedade te pressione a acreditar que você é ordinário e inútil comparado com X, Y e Z, você não é.

Nós somos um milagre da natureza e podemos fazer da nossa existência algo grandioso e de valor. Só precisamos nos lembrar disso diariamente.

Você não precisa encontrar a cura de todas as doenças ou salvar o mundo do mal para ser especial.

Você não precisa fazer nada a não ser ter um bom coração, que é a sua essência natural. Você não faz ideia do quanto tudo muda só por você ser você.

Nunca deixe de enxergar aquilo que o espelho não te mostra e só você consegue enxergar, que são suas intenções e reais sentimentos. Por trás desta "casca" que você criou existem muitas histórias que o tornam único pelo que você é.

Nunca deixe absolutamente nada e nem ninguém apagar o superpoder da sua existência.

Querida Sedução,

Eu demorei anos para entender que o seu conceito não é baseado em corpos perfeitos, mas sim sobre os contrastes do autoconhecimento.

As pessoas mais atraentes que eu conheci não eram as mais perfeitas dentro dos padrões estéticos, mas elas eram confiantes daquilo que eram. E quando digo confiança, não estou falando de prepotência, mas sim do quanto alguém que não tem medo de mostrar a combinação desastrosa de qualidades e defeitos, forças e fraquezas, tudo ao mesmo tempo. Isso é grandioso.

A pessoa mais atraente que eu conheci me disse "eu não estou me sentindo muito bem comigo mesmo hoje, mas mesmo assim eu queria te ver".

Uau. Apenas uau. O fato de alguém não precisar usar uma máscara para me impressionar me encanta. A verdadeira sedução é sobre isso: cantar e dançar a sua música sem tem medo de errar, falhar ou desafinar.

Tem uma força poderosa em quem sabe perder ou arriscar. É fascinante quando alguém é sincero independente das consequências que isso traria.

Querida Força,

Como é ser você o tempo todo sem nenhum intervalo?

Por mais que eu queira me sentir forte todos os dias, eu oscilo entre forças e fraquezas o tempo todo. Eu consigo sair ilesa de situações complicadas e completamente machucada de situações simples.

Eu admiro pessoas extremamente fortes, mas eu também tenho a impressão que elas não relaxam. Se permitir ser fraco é se permitir ser vulnerável e aberto ao imperfeito. Se permitir ser fraco é libertador.

Ser forte é como um trabalho fixo não remunerado. Exige muito trabalho e dedicação não perder a cabeça a qualquer novo problema que aparece. Na verdade, é exaustivo. Todas as vezes em que eu fui extremamente forte eu fui porque eu tinha que ser, e não porque eu queria ser.

Eu lembro da primeira vez que eu tive que ser forte, no dia da morte do meu pai. Eu precisei ser forte pela minha mãe e meus irmãos... mesmo que eu não quisesse. Eu queria chorar, gritar, ser a pessoa mais fraca do mundo, mas eu tinha que servir de suporte para todo mundo. Eu precisei me certificar que as coisas não piorassem.

Eu fui a primeira criança a perder o pai na escola. Eu lembro que quando voltei para a aula, tinha um cartaz assinado por todos os alunos com os dizeres "Nós te amamos, Lilian."

Mesmo que nem todos me amassem, aquilo me deu força quando eu não queria ter força. Aquilo me marcou profundamente e então eu entendi que todos nós precisamos uns dos outros para ter força. Assim como minha família precisou da minha força, eu precisei da força dos meus amigos.

Ninguém consegue ser forte sozinho.

Querido Amor,

Mais uma carta para você. Acho que você é um amigo especial, né.

Você não é algo que eu consigo ver ou pegar nas mãos, mas é a coisa mais real que eu já vi acontecer.

O amor de uma mãe protetora, de um amigo que muda todos os seus planos para poder ajudar, de um cachorro ao rever o seu dono, um abraço depois de um beijo apaixonado. Tudo isso é amor.

Pode parecer algo externo, que está em algo ou alguém, mas na verdade eu que sou amor e você também. Nos tornamos o amor dentro da gente, e compartilhamos bons momentos na presença dele.

Eu sinto amor o tempo todo, até mesmo quando entro em conflito comigo mesma. Eu posso estar triste, decepcionada e ainda amar a vida. Posso estar no pior dia da minha vida e ainda amar as pessoas.

E é nessas vezes que eu acho que você me machuca, amor, mas nunca é você.

Me desculpa se te culpei mesmo sabendo que a sua única função é me curar, me aquecer, me tornar melhor.

E eu amo poder sentir o amor. É transformador.

Não adianta ter pressa. Tudo tem o seu tempo certo.

Querido Imediatismo,

Eu sinto muito em te dizer, mas você precisa conhecer a paciência.

Eu não preciso salvar o mundo hoje, nem resolver todos os meus problemas e nem realizar todos os meus sonhos, por mais que eu queira tudo isso agora.

Você precisa entender que o processo das coisas é tão interessante quanto a "chegada". Você precisa entender que tudo bem esperar e entender que nem tudo é no tempo que eu quero. Você precisa entender que não é porque eu não tenho algo agora que eu nunca vou ter.

Eu não preciso de vantagens imediatas sempre. Eu preciso de vantagens boas e duradouras, que nem sempre vêm rápido.

As melhores soluções não são aquelas que vêm rápido, mas sim aquelas que vêm com sabedoria. E a sabedoria, em sua maioria das vezes, leva tempo, compreensão e análise.

Vai com calma. Eu sei que tudo pode acabar da noite para o dia. E também sei que pensar isso não vai me ajudar em nada.

Eu devo, sim, viver o agora da melhor forma possível, mas não devo me punir por aquilo que não consigo viver agora.

Às vezes eu acho que estou enlouquecendo...

Querida Culpa,

São 2:18 da manhã e eu estou me sentindo estranhamente culpada. Culpada por não sentir o que eu deveria sentir.

Engraçado, né? A gente se culpa quando sente e não sente também. Será que eu tenho algum dia de folga?

Isso não faz muito sentido para mim, sabe. Eu já fiz as pazes com vários sentimentos, mas a culpa continua me perturbando mesmo que eu não queira dar ouvidos a ela.

Eu sei que no fundo eu só preciso fazer o que é melhor para o meu coração e não cair na tentação de fazer algo pela pressão dos outros, mas ainda assim é difícil seguir firme às vezes.

A gente tem medo de errar, de machucar, de quebrar. Sabe, culpa, eu gostaria de te apresentar o perdão. Vocês podem se estranhar de começo, mas com o tempo podem se completar perfeitamente.

Eu me isento da culpa de erros que não cometi. Eu não preciso carregar este peso agora. Eu me perdoo por ter os meus próprios limites.

Agora eu posso dormir em paz?

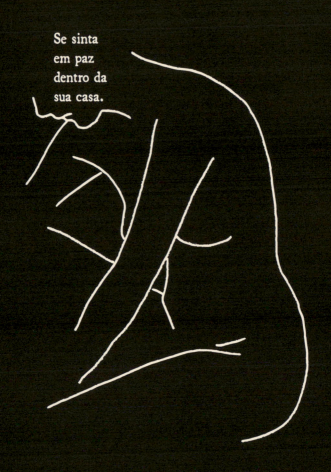

Querido Corpo,

Eu acabei de passar 3 minutos me olhando no espelho e não sei se isto é um bom sinal. Claramente não é normal. Pela primeira vez na vida eu me peguei admirando tudo o que sou. Cada traço, curva e detalhe do meu rosto.

Sabe quantos anos eu demorei para sentir isto pela primeira vez? TODOS.

Desde a minha infância eu odiava o meu corpo. Eu sempre olhava minhas fotos me perguntando qual seria a próxima coisa eu deveria julgar, mudar e odiar para sempre. Nunca era suficiente.

Eu odiava meu cabelo ruivo. Eu tive vários apelidos depreciativos na infância. Ronald McDonald, palhaço assassino, ferrugem, água de salsicha, e por aí vai. Toda vez eu ria para quebrar o desconforto, mas na verdade eu tinha uma vontade gritante de chorar.

Eu odiava a minha altura. Sempre fui a primeira criança da fila por ordem de tamanho e isso me fez "crescer" complexada. Os meninos fingiam que não conseguiam me enxergar e as minhas amigas criavam novos apelidos todos os dias.

Eu também odiava meu nariz, meu sorriso, meus olhos, minhas não-tetas, minha barriga, minhas pernas... TUDO. Eu era insegura com o meu corpo dos pés à cabeça.

E para piorar, teve uma época que usei aparelho dental de cavalo - aqueles prendem em volta da cabeça. Grande parte da minha vida eu me sentia uma aberração humana.

Nenhum menino queria ficar comigo. O primeiro menino que eu gostei falou que tinha nojo de mim e eu nunca mais esqueci disso. Eu me sentia feia e minha energia não falhava em reforçar a mensagem.

Eu não queria me aceitar. Eu não queria lidar com a ideia de ser diferente. Eu me sentia excluída ao invés de especial.

Eu precisei fazer algumas cirurgias e procedimentos estéticos para me aceitar melhor e, sinceramente, me ajudou bastante. Eu fiz por pura pressão estética, mas reconheço o quanto isto me fez sentir mais confortável com o meu corpo. Mas ainda não era suficiente. Eu ainda precisava trabalhar no meu conceito interno, no carinho que tinha comigo mesma e diálogo interno.

Não é fácil viver neste mundo louco cheio de regras inventadas por não-sei-quem e fingir que não se importa com nada. Todo mundo se importa com o próprio corpo. Todo mundo quer se sentir incluso e atraente. Mas até aonde isso tudo é um desejo realmente nosso? Até aonde o autocuidado é saudável e não vira um complexo ou um auto bullying?

Depois de tantas transformações que fiz no meu corpo, eu finalmente aprendi que a real beleza é dentro para fora. Clichêzão, né? Mas é a mais pura verdade.

Aprendi que o meu sorriso vale mais do que qualquer maquiagem que coloco ou roupa que visto. Que uma gentileza feita de coração é muito mais bonita do que uma linda cara de merd*. Que ser confiante em ser si mesmo é muito mais encantador do que "ser perfeito".

Hoje a minha maior prioridade é cuidar da beleza da minha alma. Ela, sim, que me faz sentir verdadeiramente bonita todos os dias.

A melhor vitamina para a mente é o amor incondicional.

Querida Mãe,

Eu te amo. Eu sei que eu não te falo isso muitas vezes, mas pra mim isso é tão óbvio que até parece "pouco". É tão redundante quanto falar que o amor é lindo.

Eu queria que você se enxergasse com meus olhos.

Às vezes eu preciso me lembrar que você não é perfeita, por mais que você tente ser. Eu entendo que você sempre deu o seu melhor, de acordo com tudo o que você podia. Todas as vezes que você errou, você errou tentando acertar. Não tem se quer uma vez que te vi agindo por maldade, inveja ou egoísmo. O seu coração é limpo.

Eu sei que somos diferentes em muitas coisas, mas nada importa quando o amor é incondicional. As diferenças são meros detalhes que não mudam nada.

Sabe por quê?

Quando eu estou doente, você faz sopa de legumes e monta uma caminha na sala. Você coloca a minha toalha em cima da cama e uma meia de frio mesmo estando 30 mil graus. Você escuta os meus áudios intermináveis, me manda mensagem quase toda hora perguntando "e aí Li?". Você toma as minhas dores até mais do que eu, se preocupa com coisas que não existem (culpa do Sr. Datena) e aguenta o mundo caindo por nós quatro.

Eu te acho uma verdadeira guerreira. Te vi por coisas que os meus olhos não podiam acreditar. Te vi enfrentando coisas que pareciam até mentira de surreais.

Eu sei que estes últimos anos eu estive mais distante e não nos vemos mais com tanta frequência e isso rasga a minha alma. Eu perdi alguns aniversários seus e você perdeu alguns aniversários meus, mas isso nunca foi desculpa para você deixar de ser presente em todos os meus dias, em cada decisão minha.

Pode ter falhado em outras coisas, mas a presença é a sua maestria.

Você é um ser humano incrível e eu só quero que você se lembre disso todos os dias.

Querido Pai,

Infelizmente você não vai ler esta carta.

Você está em um lugar bonito demais aí no céu para perder o seu tempo com um pedaço de papel.

Por mais que a gente lembre bastante dos seus erros e surtos, eu quero te dizer que você tem a chave das lembranças mais preciosas da minha vida.

Você se foi cedo, quando eu tinha apenas 12 anos, mas estar ao seu lado era tão mágico e intenso que eu me lembro de tudo como se fosse ontem. Me lembro de andar na sua caminhonete antiga todo Domingo, ouvindo a transmissão do jogo de São Paulo no último volume. Me lembro da sua energia radiante, felicidade contagiante e risada escandalosa. Me lembro do quanto você gostava de balinhas de hortelã, de falar de Deus, de inventar novas palavras, de fazer cabaninhas coloridas e de beber a sua cervejinha em paz.

Você foi a minha pessoa favorita e eu não vou negar que às vezes eu tenho medo de me lembrar disso.

Eu nunca vou me esquecer quando você foi embora. Não parecia real. Cadê Deus nessas horas? Como eu faço para você voltar? O que eu poderia ter feito para...

Minha vida mudou para sempre. Gritei pelo
seu nome quando fiquei sabendo que você "não
aguentou", como disse a minha prima. Te chamei,
te busquei e... nada.

Me machuca saber que passei maior parte da minha
vida sem você do que com você. Eu queria poder
falar que nada disso é justo, mas eu não posso
interferir no SEU plano divino.

Eu ainda te sinto aqui. Eu sei que você continua me
guiando. Eu amo conversar com você.

Eu sei que você não vai ler esta carta, mas você
vai conseguir sentir o quanto o meu amor e
admiração por você só cresceu desde o dia 20 de
setembro de 2005.

O amor se expandiu da forma física para a espiritual
e hoje eu tenho certeza que você está em paz. E,
para mim, isso é o que mais importa.

Queridos Limites,

Eu sempre tive muita dificuldade de falar sobre vocês, mas hoje estou buscando melhorar.

Eu nunca gostei de ser a energia negativa para os outros, então muitas vezes optei por corromper a minha própria paz para não ter que entrar em guerra com quem amo.

Eu já disse muitas vezes "sim" quando na verdade queria gritar NÃO. Já fui em muitos lugares que não estava afim, me forcei a gostar de quem me perturbava e o preço disso foi caro por muitos anos. Eu não respeitei os meus próprios limites.

A parte mais difícil de impor limites a alguém é a de confiar que a pessoa não vai embora. Eu calei minha vontade muitas vezes em nome do amor. E ele nunca me pediu nada disso.

No fundo eu sei que tem alguma coisa errada. Eu sei que quem me ama incondicionalmente vai aceitar minhas ideias e decisões. Às vezes vai ser mais desafiador e vou encontrar resistências, mas cabe a mim permanecer fiel ao que quero e acredito.

Não tem como negociar meus limites. Eu me recuso ter que me sentir mal de novo por tentar agradar mais aos outros do que a mim mesma.

Que esta seja a sua única carta.

Querido Você,

Agora é a sua vez. Escreva uma carta para si mesmo na próxima página e a guarde com muito carinho.

Querido Eu,

FIM?

entos. Queridos Sentimentos, de Lilian Melchert para to

s sentimentos. Queridos Sentimentos, de Lilian Melch

dos os meus sentimentos. Queridos Sentimentos, de Lil

ert para todos os meus sentimentos. Queridos Sentime

ian Melchert para todos os meus sentimentos. Queri

imentos, de Lilian Melchert para todos os meus sentime

idos Sentimentos, de Lilian Melchert para todos os m

entos. Queridos Sentimentos, de Lilian Melchert p

s meus sentimentos. Queridos Sentimentos, de Lil

ert para todos os meus sentimentos. Queridos Sentime

ian Melchert para todos os meus sentimentos. Queri

imentos, de Lilian Melchert para todos os meus sentime

idos Sentimentos, de Lilian Melchert para todos os m

entos. Queridos Sentimentos, de Lilian Melchert p

s meus sentimentos. Queridos Sentimentos, de Li

ert para todos os meus sentimentos. Queridos Sentime

ian Melchert para todos os meus sentimentos. Quer

imentos, de Lilian Melchert para todos os meus sentime

idos Sentimentos, de Lilian Melchert para todos os m

entos. Queridos Sentimentos, de Lilian Melchert p

s meus sentimentos. Queridos Sentimentos, de Li

ert para todos os meus sentimentos. Queridos Sentime

ian Melchert para todos os meus sentimentos. Quer

Lilian Melchert

não tem medo dos desafios da vida. Nascida em uma família caótica do ABC paulista, ela se transformou em uma das maiores criadoras de conteúdo, com mais de 360 milhões de visualizações no Youtube.

Em seus vídeos, compartilha a sua paixão pela vida, experiências extraordinárias e algumas conversas sobre saúde mental. Sensível desde pequena, ama escrever frases, como forma de se entender melhor e também de ajudar as pessoas ao seu redor. Atualmente, Lilian resolveu expandir as fronteiras e mora em Hollywood, na Califórnia, em busca de realizar todos os seus sonhos.

Copyright © 2023 by Editora Letramento
Copyright © 2023 by Lilian Melchert

Diretor Editorial Gustavo Abreu
Diretor Administrativo Júnior Gaudereto
Diretor Financeiro Cláudio Macedo
Logística Daniel Abreu e Vinícius Santiago
Comunicação e Marketing Carol Pires
Assistente Editorial Matteos Moreno e Maria Eduarda Paixão
Designer Editorial Gustavo Zeferino e Luís Otávio Ferreira

Todos os direitos reservados. Não é permitida a reprodução desta obra sem aprovação do Grupo Editorial Letramento.

Dados Internacionais de Catalogação na Publicação (CIP)
Bibliotecária Juliana da Silva Mauro - CRB6/3684

M518q   Melchert, Lilian
Queridos sentimentos : para todos os meus sentimentos /
Lilian Melchert. - Belo Horizonte : Letramento, 2023.
164 p. il. ; 21 cm.
ISBN 978-65-5932-443-9
1. Cartas. 2. Sentimentos. 3. Autoajuda. 4. Autoaceitação. I. Título.
CDU: 82-6
CDD: 866

Índices para catálogo sistemático:
1. Literatura - Cartas 82-6
2. Literatura - Cartas 866

LETRAMENTO EDITORA E LIVRARIA
Caixa Postal 3242 – CEP 30.130-972
r. José Maria Rosemburg, n. 75, b. Ouro Preto
CEP 31.340-080 – Belo Horizonte / MG
Telefone 31 3327-5771

timentos. Queridos Sentimentos, de Lilian Melchert par
neus sentimentos. Queridos Sentimentos, de Lilian Me
a todos os meus sentimentos. Queridos Sentimentos, de
lchert para todos os meus sentimentos. Queridos Sentim
Lilian Melchert para todos os meus sentimentos. Qu
entimentos, de Lilian Melchert para todos os meus sentim
oridos Sentimentos, de Lilian Melchert para todos os
timentos. Queridos Sentimentos, de Lilian Melchert
s os meus sentimentos. Queridos Sentimentos, de
chert para todos os meus sentimentos. Queridos Sentim
Lilian Melchert para todos os meus sentimentos. Qu
ntimentos, de Lilian Melchert para todos os meus sentim
oridos Sentimentos, de Lilian Melchert para todos os
timentos. Queridos Sentimentos, de Lilian Melchert
s os meus sentimentos. Queridos Sentimentos, de
chert para todos os meus sentimentos. Queridos Sentim
Lilian Melchert para todos os meus sentimentos. Qu
ntimentos, de Lilian Melchert para todos os meus sentim
oridos Sentimentos, de Lilian Melchert para todos os
imentos. Queridos Sentimentos, de Lilian Melchert
os meus sentimentos. Queridos Sentimentos, de
hert para todos os meus sentimentos. Queridos Sentim
Lilian Melchert para todos os meus sentimentos. Qu

- editoraletramento
- editoraletramento.com.br
- editoraletramento
- company/grupoeditorialletramento
- grupoletramento
- contato@editoraletramento.com.br
- editoraletramento

- editoracasadodireito.com.br
- casadodireitoed
- casadodireito
- casadodireito@editoraletramento.com.br